中华文化：
特色与生命力

王蒙 著

人民出版社

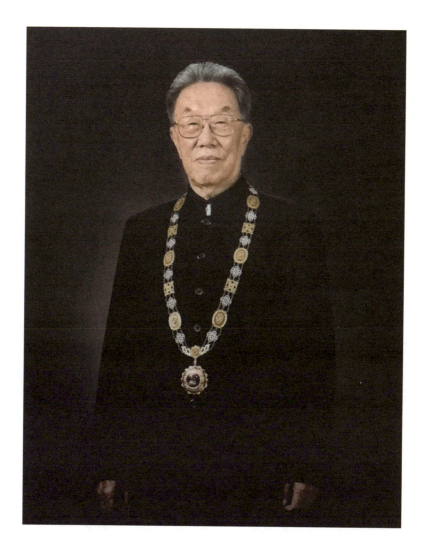

2019 年 9 月，王蒙先生被授予"人民艺术家"国家荣誉称号。

2019 年 9 月 29 日，王蒙与与会者一起步入人民大会堂，参加中华人民共和国国家勋章和国家荣誉称号颁授仪式。

　　2019 年 9 月 29 日，在人民大会堂举行的中华人民共和国国家勋章和国家荣誉称号颁授仪式上，王蒙上台接受习近平主席颁授奖章（并行者为夫人单三娅）。

2020 年 9 月 16 日，王蒙为黑龙江省政协举办的文化知识讲座暨委员大讲堂作了以"中华文化：特色与生命力"为主题的讲座。

　　2020 年 9 月 30 日，王蒙出席了在天安门广场举行的向人民英雄敬献花篮仪式。

　　2020 年 11 月 2 日，王蒙参观在其家乡河北南皮举行的"青春万岁——王蒙文学作品插图名家新作邀请展"。

　　2020 年 11 月 23 日，王蒙在广州大剧院作了以"我们的文艺生活"为
主题的讲座。

2020年11月24日，王蒙在广州市文化广电旅游局主办的"2020广州文旅大讲堂·冬季大会"上作了"中华文化的特色与生命力"的主题演讲。

2020 年 11 月 25 日，王蒙在华南师范大学附属中学举办的"华附讲坛"上与师生们畅谈文学与人生、青春与梦想。

　　2020年12月7日，中华文学基金会"王蒙青年文学发展专项基金"捐赠和签约仪式在京举行。图为捐赠仪式结束后，捐赠人王蒙与中华文学基金会秘书长鲍坚合影，中间者为中国作协副主席李敬泽。

出版前言

习近平总书记指出："中华优秀传统文化是中华民族的精神命脉，是涵养社会主义核心价值观的重要源泉，也是我们在世界文化激荡中站稳脚跟的坚实根基。""没有中华文化繁荣兴盛，就没有中华民族伟大复兴。"

人民艺术家、著名作家王蒙先生是弘扬中华优秀传统文化的卓越践行者、示范者。在笔耕不辍、新作连连的同时，86岁高龄的他，通过演讲、讲座、对谈等方式，以独特的视角、深邃的思考、睿智而幽默的口才，致力于中华传统文化的传承与发展，引起极大反响，获得广泛欢迎，形成了"王蒙现象"。

2020 年，王蒙又以"中华文化：特色与生命力"为题做了多场讲座。为满足读者需要，我社特以讲座内容为基础，将王蒙相关文章汇编成本书。期望对广大读者认知与把握中华文化，增强文化自信有所帮助。

人民出版社

2021 年 6 月

目 录
CONTENTS

1

序　告别二〇二〇的时候

二〇二〇年翻过去了，一切都记忆犹新。我们不能忘记抗击新冠肺炎疫情的艰苦与悲壮的历程，然后是了不起的战绩。但是，二〇二〇庚子年的标贴难道仅仅是新冠肺炎疫情吗？当然不是，我们同样不能忘记的，还有决战脱贫攻坚的胜利与经济正增长的成绩斐然。

二〇二〇年十一月在广州，读到一个业余女诗人的诗集——《戴口罩的春天》。张洪芳在其中一首《情人节》中写道：

请你将墙上挂着的

蒙了厚厚灰尘的结婚照

取下来，好好擦干净

……

你好久没有这样认真看过我了

这些年你走过的那些

所谓成功的路

其实都默默刻在我的容颜上

是闺怨吗？是疫情魔影下人们在重新审视相互的意义。我读下去，发现还有更为阔大的情怀，她给了我对于二〇二〇的各种感受。在《暂停键》中，她写道：

把道路暂还给宽敞

……

熟悉的大街小巷

从未有过如此静默

幢幢楼宇黯然肃立

室内扎根，方寸之地拥抱乾坤

怀揣着一种特殊的责任

肩负着一种特殊的使命

暂停，武汉仍然是英雄城

　　一面是柔情万种，另一面还有沧海横流、英雄本色。

　　而在《隔离，不是隔离爱》中，诗人说：

没有隔离亲人间的关爱

它们像空气和水一样始终存在

也没有隔离大米、小米、萝卜、白菜

隔离，那是土地诚挚的爱

　　病毒吞噬了无辜的生命，人们擎起了关爱的大旗，人类的特长之一本应该是互相需要，而不是相反。

　　在写到解放军医疗队撤离武汉的时候，诗人写道：

> 勇敢地来，静悄悄走
>
> 不要鲜花，不要掌声
>
> 不要警车开道
>
> 不要夹道送行
>
> 他们不想惊动武汉城
>
> 所有感恩的眼睛

在恐惧和困惑中，勇敢的迎击与谦和的自视是多么可贵。

在追悼逝者的诗句里，她说：

> 无数次我已爱过
>
> 这转瞬即逝的永恒

嗯嗯，对于永恒，任何一个年头与事件，都是转瞬。对于转瞬，任何一个奋斗与献身，都是永恒。

诗人曾任某大公司的财务总监，现任广东某

集团文化总监。在二〇二〇的年份里，各行各业的人都被触动了，张洪芳是其中之一。他们用文字和诗情为各种感动、思绪、人性与践行作证，充满着坚定、善良、诚挚、宽厚。这些人心与暖意，与病毒所散发的邪恶和庸人哼哼唧唧的阴冷，是怎样地不同啊！

艰难！又有哪一年只开顺风船呢？有挑战就有沉着应对，有恐惧就有决绝担当，有恶意就有温暖爱心，有危难就有钢铁长城。

世界并不平衡。那边疫情正酣，比疫情更乱的乱象仍然在乱着。而奋斗者坚持奋斗，发展者忙于发展，合作者好心合作，自信者当然自信。我们仍然注意戴好口罩，做好各项防疫工作，我们毕竟确实在相当程度上渐渐熟练了闪开新冠阴影与控制疫魔的有效操作。我们继续着决胜全面小康，我们将迎来第一个百年的辉煌，我们也将踏上"十四五"的新征程。

此刻，我们享受着一元复始的欢欣，还有与

家人欢聚的热气腾腾。再见，二〇二〇，你留在我们的诗里，揣在我们的心里，刻在历史的碑上！你好，二〇二一，新的期待、新的艰难、新的诗篇，如花如火，如大海的浪涛滚滚向前！

王　蒙

二〇二〇年一月一日

中国传统文化的几个问题

　　我今天抽出三个问题来讲传统文化。这三个问题与以欧洲为中心的西洋文化对比起来，比较不同，而且对我们又有很深远的影响。当然，我还不能确定这三点就包括了所有中国文化的特点，我只是就中国传统文化作一个漫谈似的讲演。

一、中国的泛道德论与性善论

　　泛道德论就是重视道德，认为道德是根本，尤其是把政治道德化，把做人道德化，把学问道德化。这确实是中国文化一个特点。中国自古以来有很多这样的说法，一个重要的说法就是"天下唯有德者居之"，把道德说成是政治权力合法性、合理性，更应该说是"合道性"的依据。这个文化特点一直延续下来，为什么道德能够作为政权合法性的依据呢？

第一，它使权力负有一个教化的义务。过去旧中国的权力中心是皇帝，皇帝有责任自己率先垂范、作榜样，同时要实行教化，使老百姓春风化雨，都能养成很好的道德，使他们的行为都有一个标准、一个规范。

第二，道德性和天意结合起来。这个道德的典范是什么呢？是天和地。叫作天行健，君子以自强不息，地势坤，君子以厚德载物。所以，你这个掌握权柄的人要有很高的道德修养，符合天意即天授君权，你才成为真正的合格天子。

中国古代没有类似现代的民主思想，也没有一个对权力进行制衡的意识，更没有合理地有序地对权力进行更迭的思想，都没有。但是它又不是无条件地统治，是有条件的。什么条件呢？就

先师孔子行教像，唐吴道子画

是你要有道德，你得符合道德，你得符合天道。这里面隐藏着一种什么观念呢？这就是：如果你是无道昏君，你就必然灭亡。比如古人说"水能载舟，亦能覆舟"。这句话挺深刻的，是双向思维：第一层思维是臣下必须忠于君王，老百姓必须听从朝廷；第二层思维是如果君王失去了道德，得道多助、失道寡助，就要覆亡。中国自古以来有无数这样的故事，几百年就有大的朝代变更。正是在这样一种混乱和变更中，儒家的孔子力图提出一个合情合理的道德规范，使父子、夫妻、君臣之间能够有一个规矩和约束。

孔子提出过礼治，实际上是对个人行为举止、思维言语都做出了规范，要求人们按照规范来做。但是，你无法设想每一个掌握权柄的人都是道德的模范。这就形成一个矛盾，什么矛盾？儒家以德治国想法很美好，但大多都实现不了。翻开历史，很难看到历朝历代皇帝都是道德模范，相反看到的却是腥风血雨，权力斗争，朝为座上客、夕为阶下囚。但另一方面，这种道德规范本身又是对权力的文化监督，是对权力的一种"礼义"监督。

说到"礼义"一词，我多说几句。一般都说中国是"礼仪之邦"，实际上"礼仪"的"仪"应该是"正义"的"义"，就是说是"礼义之邦"。"礼"字的后面是附带着深刻的内容的。当然，这个"义"当什么讲？义是当内涵讲，如说含义、意义、义理。现在的说法就是价值认定，就是原则，就是理念，就是纲领目标。

关于义的说法很多，但其中一种是，要求君王在他的行为、他的爱憎、他的举止方面符合一定的原则规范。中国有谏官，谏官一般是不要命的，所谓"文死谏"，所以才有海瑞，海瑞是抬着棺材去提意见的。另一个是史官，史官秉笔直书，杀头也决不退缩。掌权者犯了什么错误，办了什么冤案，都给记录下来。

当然，对这种泛道德论也有许多批评。从

古代时就受到法家、道家的批评，认为它多余，把本来很正常很自然的父慈子孝——父母喜爱子女，子女也很依恋顺从父母变成说教，比如"二十四孝"里的"卧冰求鲤"之类的，都是无法实现的，听着让人很难受。到了戊戌改良主义思潮和五四新文化运动的时候，更有对儒家的猛烈批评，与谭嗣同同时代的改良主义者，严厉批评中国儒教杀人。

中国文化传统中很多东西都是双向的乃至相悖的。一方面讲忠义，忠得没法再忠，肝脑涂地，不足为报；另一方面又讲如果你是无道昏君，你就要灭亡。所以，《三国演义》里面劝降将归降于己时，就会说"良禽择木而栖，贤臣择主而侍"，这棵树很脏很乱很不像样子，可以不在这个棵树上，另挑一棵好树。

这种泛道德论还建筑在一个性善的基础上。我们有一个非常美好的理念，什么呢？就是挖掘出每一个人身上天然的本性之美好。老庄与孔孟都是这样主张的，他们认为人的本性很好，是很正常很合理的。饿了就吃，渴了就去掘井或者到河边打水，该干活时就干活。让孟子一分析，就解释成了"恻隐之心，人皆有之；羞恶之心，人皆有之；恭敬之心，人皆有之；是非之心，人皆有之"。所以，他提倡德治，提倡礼治，让人回归到最美好最正常的状态。这种状态下，人和人之间的关系是好的，是互相照顾的，是互相礼貌的，不会发生那些坏的事情。老子走得最远，认为最好的道德就是和婴儿一样，和刚出生一样，和襁褓中一样。

在中国要注意伦理，就是人际关系。特别注意人和人之间的关系，父应该慈，子应该孝；君应该是明君，臣应该是忠臣；朋友之间应该是义。注重人际关系的结果就是把情义两个字看得很重。

我在山东教育台讲《红楼梦》的时候，讲过里面的一段故事。王夫人的玫瑰露被彩云偷走了

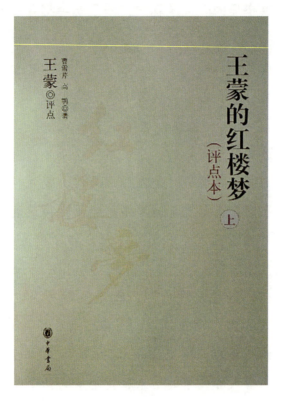

《王蒙的红楼梦（评点本）》，中华书局 2011 年版

一瓶，这是因为彩云跟贾环（赵姨娘的儿子、贾宝玉的弟弟）关系挺好的。她偷去以后反咬玉钏，因为金钏、玉钏原来伺候王夫人，后来王夫人一个嘴巴打得金钏跳了井，就只剩下一个玉钏伺候王夫人。

平儿负责处理这件事情，平儿说这件事我很清楚。但是这件事投鼠忌器，赵姨娘还有一个女儿，贾环的姐姐是探春。探春这个人，有头有脸，很有身份也很有头脑，而且由于王熙凤生病正由探春来管理荣国府。因此这件事不能把彩云揪出来，否则就会伤害到探春。于是贾宝玉说，这件事我担着，就说玫瑰露是我拿的好了。平儿说好！于是平儿把玉钏、彩云这些人都找来，说，这里丢了一瓶玫瑰露，是我一个好姐妹拿的。窝主（指赵姨娘和贾环）很平常，窝主的面子我不看，但是这里面牵扯到一个有头有脸的人物，我不能随便点名，宝玉已经把这件事应承下来了。彩云一听脸红了，知道平儿已经了如指掌，于是就说了实话。说姐姐不要冤枉别人，我去自首，要杀要剐要打要罚一切听主子的。全场的人都很感动，认为彩云是侠肝义胆。平儿也很激动，今天想不到彩云妹妹有这样的侠肝义胆，自己出来勇于承担责任。这件事我已经说了，是宝玉偷的。任何人都别再提了，这件事就算过去了。

自古以来，第一称颂平儿，第二称颂彩云。平儿处理问题一碗水端平，天衣无缝，投鼠忌器，该抹过去的抹过去，该隐瞒的就隐瞒，本来是小事，不是大事，没丢了什么重要的东西。这是好人，又厚道、又聪明、又智慧、又灵活。

当然，另一方面中国人的情面也不利于法制。《秦香莲》这出戏里，本来包公一看事情越闹越大，皇后也来了，已经毫无办法了。戏词里包公跟秦香莲说：给你一点钱，你回去吧，你要求处理陈世美，现在很难做到。这时候秦香莲说了一句：都说包大人明镜高悬，想不到也还是官官相护！包公杀陈世美也是有这样一个过程的。可是这件事要是平儿来处理，不见得这样做，所以我们说，包公这样的铁面无私，其实很少。

也正是因为这样，我们才只能把传统文化中的一些东西作为一种资源，有所继承，更要有所超越。我们现在需要有现代的观念，法制的观念，实证的观念，是非的观念。不能大事化小，小事化了。

二、中国的泛哲学论，也就是整体论

在中国，最重要的学问还是哲学，并且把许多问题都哲学化。我是觉得这和汉字有关系。汉字提供的是综合的信息。特别注意各种事物之间的关系。它尽量把关系弄清楚。比如说牛，一个牛字，一个是以牛为实体的，分小牛、老牛、耕牛、公牛、母牛、奶牛、水牛、牦牛，这一些都叫作牛。另外从牛出来的牛奶、牛毛、牛肝、牛肺、牛蹄、牛筋，一直到借用的钻牛角尖等说

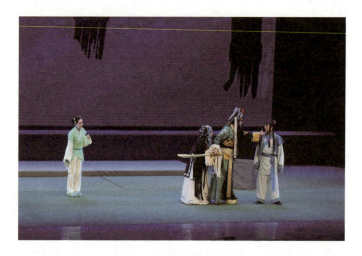

花鼓戏《秦香莲》演出现场

法，词义非常清晰也相当精细。还有吹牛，吹牛是从吹牛皮上来说的，也有关系。可是别的语言里未必这样，它注意的是具体，水牛是 buffalo，母牛是 cow，公牛是 bull，小牛肉是 veal，牛排是 beef……这中间没有什么联系。而且我们的很多文字本身，就代表了一种自大而小、自高而低这样一个分析的过程。中国自古以来注意万物之间的关系和共同性。注意字形的结构与逻辑。而中国的很多学术思想从东周时，就已经形成基本的格局。此后几千年尽管有各种各样的变化，但没有特别巨大的颠覆。那时候的混乱、争夺、多变，已经培养起中国人追求一个大的概念，一个无所不包的概念，一个至高无上的概念；用至高无上终极性的概念追求，取代了对于形而上的终极人格即神的追求。什么叫人神？我们想象一个世界有一个主宰，这个主宰是有意志的，是有好恶的，是有道德感和正义感，有权力和能力的，所以它能保佑你，也能惩罚你。比如说，耶稣教教堂里，一个是有耶稣的像，一个是有圣母玛利亚的像，当然也有些宗教画里面可以看到耶稣的父亲，但是耶稣跟父亲没有血缘关系，圣母是从她肋条骨那儿生出来的耶稣，基督教是这样讲的。因此耶稣和圣母是人而具有神格。但是对于耶稣又有一个解释，耶稣的父亲是上帝，神爱世人将他的儿子赐给他们。最至高无上的神具有人的特点，你说你怎么办？这个说不清楚！现在神学院还讨论这些问题。作家米兰·昆德拉提出过一个问题，在欧洲争执了上百年——耶稣进不进洗手间？当你创造一个和人相同的神的时候，你会碰到一系列的问题，这些问题让虔诚的信徒们感到非常尴尬。

而中国人比较聪明，所以早在孔子时期，老庄时期，儒家和道家都讲，六合之外存而不论。六合就是三维空间，上下前后左右，或者上下东西南北。我们讨论的是三维空间内存在的事情，我们无法讨论三维空间以外的事情，就把这个问题搁置了。但是，你能说中国人没有宗教情怀吗？你能说中国人没有终极关怀吗？

我读过神学院的一种讲义，它给神学下的定义是，神学就是对人生的终极眷顾，终极关怀中的"关怀"翻译成"眷顾"更雅一点。就是一些东西已经超出你的经验或者你的知识所能达到的，比如世界从哪儿来的，世界到什么地方去？生命是从哪儿来的，生命到哪儿去？运用科学永远有某一点是解释不了的。

中国老百姓是多信教的，信什么的都有，信灶王爷的，信妈祖的，信花娘娘的，信玉皇大帝的，玉皇大帝完全是按照封建王朝的范本来考虑的。但是，在老子那里，他就把道说成了世界的本原，既是本原也是本体，世界的规律。万物生于有，有生于无。那么把万物有无都综合起来就是道。这样的话，道在中国人当中起到的是"概念神""概念上帝"的作用。因为上帝不见得都有形状，上帝不见得都有人格或者类人格。

汉字特别地整齐，它还引导了中国用推导来代替论证。比如《礼·大学》中说："古之欲明明德于天下者，先治其国。欲治其国者，先齐其家。欲齐其家者，先修其身。欲修其身者，先正其心。欲正其心者，先诚其意。欲诚其意者，先致其知。致知在格物，物格而后知至。知至而后意诚，意诚而后心正。心正而后身修，身修而后家齐，家齐而后国治，国治而后天下平。"就是一点一点地，叫势如破竹。美国有一位很权威的汉学家叫费正清，哈佛大学亚洲和太平洋研究中心就叫费正清东亚研究中心。费正清讲中国一个大问题就是逻辑不发达。类似意见我听杨振宁也讲过，他说中国自古缺少严密的逻辑。但是中国有自己独特的推导，从小处推导到大处，从大处又下来，如高屋建瓴、势如破竹，它是这样一套思维方法。

并且我们的推导还有煽情性。很多时候，中国式的论述最后变成一个感情的问题。"文革"

时，我经常听到特别煽情的一个口号："难道西方资产阶级做出来的东西，我们东方无产阶级就做不出来吗？"讲得真好！可是不解决问题。那时候我们那么穷困，你光发狠，你哭，你叫，都是不行的。

我们有这些问题，所以就整合思想，使什么东西都变成哲学，这是全世界都没有的。"不为良相便为良医"，你做不了好的宰相，你就做一个好的医务工作者。为什么呢？宰相是救人的，医生也是救人的，所以有志于当宰相的人就一定能当一个好医生。

我们常常把文学政治化，有时候又把政治文学化。比如说我们讨论文化问题，首先讨论的是它的倾向、方向，又很像在讨论政治问题，但是我们讨论政治问题，我们的政策是什么？"百花齐放、百家争鸣。"这个洋人也很难理解，这个修辞是非常美的，一百只鸟在那儿叫，但不好理解。所以我们这样的整合能力，高度概括的能力是无与伦比的，但有时候也是不精确的。

最明显的是中医，中医的好处是从整体上考虑问题。中医讲哲学、讲天人合一，每个经络，每个器官，在哪儿起主导作用，立春、立夏、立秋、立冬吃什么？什么虚、实、寒、暑、湿、燥，还有许许多多都像讲哲学。但是它又不像西医，什么东西都要实证，中国人连兵法也是哲学，所以我们的思路很有意思。

中国人最讲究相反相成、物极必反、随机应变，所以我勉强起个名字便于大家好记。刚才我讲了一个泛道德论，讲了一个泛哲学论，我还要讲一个泛相对论。

三、中国的泛相对论

中国人在东周的时候已经痛感到世界无常，格局随时的变换，是非没有一定的规律。这样长期的战乱、纷争，瞬息万变的格局培养了中国人聪明、善变、戏路子广的特点。中国人能适应社会，不断地变化，并且变得很快。孔子讲仁义道德，但也讲了许多准许你变的道理。宁武子，卫国的一个官员，《论语·公冶长第五》说："宁武子，邦有道则知，邦无道则愚。其知可及也，其愚不可及也。"是说如果国家很讲道义、很有条理、很有秩序、很有是非章法，宁武子就会很聪明，他就能参政议政。但是国家一乱，宁武子两眼一发直，就傻了，一问三不知。他的聪明劲别人要学还可以达到，难学的是他的傻劲，邦无道他就傻呵呵，他真犯傻。所以"文革"中骂孔子，扣帽子，说他认为劳动人民愚不可及，其实这个愚不可及是好话，是说他傻起来你学不像，你达不到他的境界。

再比如，中国有一个说法叫"内圣外王"。什么意思？《庄子·天下》说："是故内圣外王之道，暗而不明，郁而不发，天下之人，各为其所欲焉，以自为方。"就是我内心里和圣人一样，充满了圣人的仁义道德，这是道德的情怀，文化

的情怀；我的内心根本不在乎世俗成败得失，我
要的是对得起自己的良心，我要的是为天下苍生
谋福。但是我对外时是王者，我知道怎么维护、
运用我的权力，我知道怎样去惩戒敌人。

还有从庄子的时候已经有类似的说法，就是
"以出世之心行入世之事"。出世之心是什么意思
呢？我随时准备着离开世俗的这些竞争，准备回
归山林，回归大泽湖泊，回归到大自然里面去。
北京单弦牌子曲有一个叫作《风雨归舟》，一上
来就说卸职入深山，闷来时抚琴饮酒，受享清
闲。当然，抚琴饮酒得有一定物质条件。有了这
样一个心情，我再来入世，乃至于担任大大小小
的一个官员，做对社会有利的事。中国还有这样
一些说法，"小隐隐于野，中隐隐于市，大隐隐
于朝"。虽然这些说法不见得都能做得到，有很
多变成了空话，但是这样的思路在全世界都是少
有的。

《红楼梦》里除了贾政以外，那里面的男人

没有一个是按孔圣人或者孟圣人教导来做的。但是《红楼梦》里面也反复讲一个道理，甚至通过美人秦可卿之口来讲，一个什么道理呢？就是盛极必衰，水满则溢，月盈则亏，登高必跌重。她就认为事物是有宿命的，到了什么地方，发展到一定程度就会走向自己的反面。我们还有很多的信念和说法，比如说置之死地而后生，比如说多难兴邦。给外国人很难讲的一个故事是卧薪尝胆，不要说欧洲人、美国人，就连日本人也与我讨论过，说中国人怎么会有越王勾践这种人呢？他可以去尝吴王夫差的大便？日本人是无论如何也不能想象的。日本人遇到这个情况会认为他应该死，失败到这个程度，丢了江山丢了国家，变成了奴隶！日本人为什么喜欢樱花？樱花是开的时候"唰"地全开了，谢的时候"哗啦"就没了。日本俳句就是这样歌颂的，说樱花代表日本民族，该开就开，该谢就谢。我几次去日本，没有赶上樱花盛开，但是赶上樱花花谢。花谢的时

庄子雕像

候日本人是真动情，在树底下一边唱一边哭。

早在春秋战国的时候已经有这样的故事，一个人要尽量压低自己的形象，尽量表示自己的愚蠢无大志。秦国统一六国的时候，最后派王翦去打仗，几十万军队都交给了王翦。王翦就没完没了地跟秦王说，我回来以后要在某个地方置业，要盖房子，地得够，房子得够，还要给我侍女。底下人说你现在担负这么重大的任务，你干嘛整天说这些？他说秦王是最不放心别人的，他现在几十万军队都在我手里，我说这些说明我没有别的想法，是个极庸俗的人，这样我才能保住我的命，也才能完成我的历史任务。

还有一个例子，清朝的时候有一个不战、不和、不守、不死、不降、不走的"六不"人物。咸丰七年，英法联军抵达广州，发出最后通牒，限 48 小时广东地方官员出城。有一个将官叫叶名琛，毫无反应，既不抵抗，也不议和，更不逃跑。他为什么不抵抗呢？他知道打不过。联军占领广州后，叶名琛在副都统衙内被擒获，解往停泊在香港的军舰"无畏"号上。叶名琛声言欲面见英国国王，理论战争的不合理性，且自备了粮食。偶然有人上前脱帽致意，他也欠身脱帽还礼，后来被英国人送到加尔各答，囚禁在威廉炮台。他自己给自己题字：海上苏武，次年绝食而死。这个人没有投降，但让人觉得毫无希望。

我为什么讲到这儿呢？就是说传统文化是我们一个非常伟大的资源，我们从里面可以学习到很多的智慧，增加很多的知识，但是仅仅有传统文化是不够的，传统文化需要面向世界，面向未来，面向现代化，传统文化是需要五四新文化运动的洗礼的。现在有一种看法是：五四新文化运动把中国这么多美好的传统文化都丢了，弄得世风日下，人心不古。其实是错的，是五四新文化运动，中国人民的革命运动才挽救了传统文化，使传统文化不至于灭亡。

如果我们今天还处在八国联军侵华的时候，

甲午战争日本侵华的时候，处在英法联军入侵的时候，处在抗日战争大部分国土沦陷的时候，我们还能继承弘扬什么传统文化？所以，我们回顾传统文化的时候，要看到它的特色，要认同我们的传统，要继承弘扬这种传统，同时对这种传统要有所转化，要把它推向现代化，要把它推向世界，要把它推向未来。我们不是为传统而传统，而是为今天而传统，为现代化的中国特色社会主义而传统。

中华传统文化特有的
政治—文化理念

中华传统文化虽然其中也有许多教训，有许多失败的东西，但是几千年的积累形成了一套特有的政治—文化理念，从中能够开垦出很多资源，具体体现在八个方面。

1. 天下为公

我们知道**"大道之行也，天下为公"**这个理念是早就存在于中国文化当中的，它表达了最早的中国梦，中国文化之梦。

孙中山推翻清朝皇帝的精神资源之一就是**"天下为公"**的命题。天下是天下人的天下，而不是皇帝老儿的家天下。毛泽东同志也喜欢讲"**立党为公**","**处以公心**",认为公与私的摆法决定了一个人的品德,一个党的成败,一个价值观念的高低。习近平同志在一次中央政治局会议上对中央政治局委员提出的要求里面,就有"**天下为公**"这个说法。中国人接受马克思主义、社会主义、共产主义不是偶然的,它有传统文化的依据,这个依据就是中国自古就有的"**天下为公,世界大同**"(《礼记·礼运篇》)这样一种理想。

"**天下为公,世界大同**"里面还有一个中国式的基础,即性恶论还是性善论。我们现在不做价值判断,因为性恶论、性善论各有各的侧重点,各有各的作用。但在中国比较占上风的是性善论,认为人之初、性本善;而西方讲人的原罪,很多东西是以性恶论作为基础的,但西方的社会主义思潮恰恰是提倡性善论的。共产主义的思潮、马克思主义的思潮和性善论比较接近。为什么?因为这种思潮认为人性恶的东西,那些自私、贪婪、恶性竞争等，都是私有财产所造成的，如果取消了私有财产，人应该变得大公无私，应该会显示出人最美好的那一面。

有人说"共产主义"其实可以翻译成"大同主义"，我们中国人的脑子里头都有"世界大同"这样一个中国梦，这个对于我们来说是有崇高意义的。

2. 以德治国

我们中国是很特别的，把权力道德化，把权力文化化。权力本来是一个物化的东西，但是中国的先贤更注意的是权力的文化化、人化。

人化就是人文化，就是文化，也是马克思爱说的自然的（前方化的）人的本质化。

中国的许多先贤认为越古代的皇帝越好，比如说伏羲氏、有巢氏、神农氏，都是最好的皇帝。当然，到了孔子这儿他还认为周公最好。但是庄子就比较严格，他认为好就好到神农氏，神农氏以后是黄帝轩辕氏，到了轩辕氏的时候是用物化的权力，靠战争打败了蚩尤，才建立了这样一个政权，所以，庄子对黄帝不满意，但是喜欢神农氏。

为什么呢？因为神农氏不仅仅是管制这个国家，管制百姓，他还教给大家种地，教给大家制造各种农具，他成为中国农业文明的奠基人；他尝百草，确定各种草的食用或药用价值，也就是说他还是中国医药学的创始人。神农究竟是一个人还是好几代人的统称，现在学界里有不同的说法，但是他的形象非常可爱。因为"德"在古代既有道德的含义、品质的含义，又有功能的含义。神农的可爱之处不仅在于农业，他还发明了乐器，神农属于音乐家，中国的音乐祖师，他是一个用德行教化人民的领导者，建立了神州大地上人口众多，不断繁衍，有自己文化的这么一个种群，这么一个民族。

这里头包含着一个问题。中国人是很喜欢大

一统的，虽然中间有过各种各样的分裂，但是中国人喜欢的是大一统，不喜欢分裂。在中国这个地域，中原文化不面临与别的文化共存或者平起平坐这种挑战，它东边是大海，北边、西边、南边有些相对生产、生活文明程度比较低的少数民族，当时叫作番邦，这个统一的地域非常大。注意到这一点的是美国著名的汉学家费正清，他提出来中国有一套很特殊的延续几千年的治国理政的方法，对全国进行集中的管理和统治。（我顺便说一下，这个叫"集权"，集权本身不带有任何的贬义，是一种行政管理的方式，是和分权相对的，和另外一个"极权"含义是完全不一样的，"极权"是带有贬义的，指的是专制、独裁，压制人民的领导者，压制不同的阶级，等等。）中国长期是集权，费正清注意到了这一点，他的这个观点被基辛格所接受。有一年，胡锦涛主席到美国进行访问，访问之前基辛格发表了一篇很长的文章，他说中国有自己几千年的一套治国的理念和治国的方法，想让中国接受别的国家教给他怎么样治国理政几乎是不可能的。

中国的集中统一领导怎么给它一个合法性，怎么给它一个说法呢？为什么他就能够领导呢？中国的说法是两步曲。第一，这是天意。这是无法验证的，皇帝就是天子。皇帝出生之前不是龙降到他们房上了，就是他房上冒着红光，证明他是天意。

第二，怎么表现出来这个人身上体现的天意？因为他身上具备了和天地一样伟大的道德。你的身上既有自强不息的优点，又有厚德载物的优点，说明你的身上就体现了天和地最美好的品质。因此，你的统治就是合法的，这是"文化合法论"。

对这个说法一直存在着疑惑，尤其"五四"以来很多学者认为，中国历代的君主和皇帝从道德上看并不是无懈可击的，有很多问题。有的学者提出中国几千年来的皇帝，真正做到了以德治国，实行仁政，又做到了老子的无为而治的，只有两个皇帝，就是汉文帝和汉景帝，他们开创了"文景之治"①。

即使有这样的一些质疑，我们必须看到一点，就是老百姓愿意接受"以德治国"的提法，愿意接受"天下为有德者居之"的提法。因为这个提法让老百姓感觉到比较舒服。为什么你领导我？因为你道德、人品等各方面都比我强，我不服你不行，你的很多表现令我五体投地。古代的臣子也是这样，皇帝道德品德较高，就五体投地，肝脑涂地，认为他的统治就是合法的。

在客观上，以德治国的说法也形成了对权力系统的文化监督与道德监督。如果宫廷里头有一些不理想的事情发生，就会让皇帝有压力，舆论上有压力，文化上有压力，道德上有压力。这个

---

① 文景之治：指西汉汉文帝、汉景帝统治时期出现的治世。

2013 年 9 月 27 日至 10 月 27 日,《青春万岁——王蒙文学生涯六十年》展览在北京国家博物馆举办。图为王蒙作品

文化监督虽然不是特别管用，但是比没有强。

　　还有更重要的一点是，虽然不能说封建社会有很多民主程序，但是由于有"以德治国"这样一个说法，就至少使得一些臣子有可能给皇帝提意见，甚至于提很尖锐的意见，这样的例子很多。当一个文官就要敢于为坚持真理死在皇帝手里。中国是封建专制，但以德治国这种文化监督限制了这种专制；甚至以德治国的说法给农民起义找了根据，为什么呢？就是当权力系统缺德太甚、失德太甚的时候，就会发生农民起义，就会发生颠覆，这个权力系统就会被指责为无道昏君，而你只要是被戴上无道昏君的帽子，你就快完蛋了。中国这一套以德治国的说法，仍然是有积极的意义，但是又是不可能完全做到的。这一点来说和外国区别非常大。中国到现在提拔干部强调德才兼备，以德为先，"以德治国"至今仍然活在我们中间。

　　如果我们认为今天还可以用《三字经》和

《弟子规》就能够治国平天下，那是做梦。那不是"中国梦"，那是傻梦，是封建梦、旧梦。因为很简单，看看《红楼梦》就知道了。《红楼梦》里头没有几个人真正是把道德、文化、礼义放在第一位的。因此，在今天仍然只知道以德治国，甚至误以为《三字经》说得多好，《弟子规》说得多好，全体一念咱们国家就办好了，都是共产党闹什么革命，才把这些东西给闹坏了、闹乱了，这就是自绝于现代化，就是甘心让中国永远处于一个封闭、落后、停滞的状态，就是邓小平说的，闭关锁国的结果是愚昧无知，是贫困饥饿。但是反过来说，如果我们干脆不理睬，或者不重视以德为先、以德治国、有德者居之，不重视这个就等于自绝于中国的传统文化，自绝于人民，因为人民喜欢这个，人民信这个。一个干部如果干过几件跟道德有关的事，证明这个干部很有道德，立刻老百姓对他的印象就非常好。

3. 中庸之道

中国人所讲的道德和西方人所讲的道德有一致的地方，也有不一致的地方。比如说，西方很讲究自由竞争，优胜劣汰，但是中国先秦诸子对竞争态度都比较保留，主张"不争"，因为"争"会变成暴力之争。中国人更讲究的是人情味，讲究的是人际关系，是适可而止。"中庸"曾经在中国成为一个非常重要的命题，一个非常重要的词。放在政治上，人民尤其把"中庸"看成一种政治道德。

我简单说一下，西方政治文化、政治理念的核心，一个重要的说法是对权力的多元制衡。所谓多元制衡就是不同的人群，不同的地域，不同的行业的各种利益、诉求，让它互相制约，达到某种平衡。但是中国没有多元制衡的传统，在中国你随随便便地实行多元制衡有可能把国家搞分裂，有可能出乱子。

那么中国有没有一种平衡呢？也有。中国的平衡往往不是表现在同一个时期几种不同力量在那儿互相制约，而是时间纵轴上的平衡，不是在空间的横轴上的平衡。什么意思？三十年河东，三十年河西，在时间的不舍昼夜的变化中实现某种平衡。据说水文学家研究，内陆的河流经常改变河道，恰恰是以三十年为一个周期。西方认为三十年是一代，三十年河东，三十年河西，一代人又变了，所以一个人做事不要做得太过，留有余地，因为你不但有"河东"的时候，还有"河西"的时候。林语堂说中国文化喜欢的是少年老成、老成持重的人，喜欢的是不慌不忙的人。中国人不喜欢特别往上冒的那种人。

中庸之道非常有意思。其实主张中庸之道的不仅仅是中国，根据学者们说，苏格拉底、柏拉图和亚里士多德都主张中庸，他们说的"中"就是"中点"，而中国学者有的分析说中庸的"中"指的不是中间点，而指的是准确，可以读中的去声。"庸"现在变成一个坏词了，平庸、庸俗，但是"庸"的意思就是正常，就是不发神经，你正正常常的，对什么事情做出反应都别离开正常，一切合乎常识。关于"中庸"之道在中国的政治观念上也很有意义。

我们知道中国有一个特别漫长的被称作超稳定的封建专制的历史，这样的历史文化中有专制主义的传统："**普天之下，莫非王土，率土之滨，莫非王臣**"。(《诗经·北山》) 还有"**君要臣死，臣不敢不死，父要子亡，子不敢不亡**"[1]。但同时，中华文化有各种对专制主义的限制、制约方面的观念。第一是天道，君王应该为政以德，无德就是无道，无道昏君，就会被推翻；第二是亲民与民本，君王必须赢得民心，否则是天怒人怨，自取灭亡。

---

[1] 出自汉代董仲舒的"三纲五常"。

4. "水能载舟，亦能覆舟"

"水能载舟，亦能覆舟"（《荀子·哀公》）这个话其实很有意思。但是，也有人说现代西方的政治理论、民主理论认为"水能载舟，亦能覆舟"还不行，我们不仅仅是要载舟，要覆舟，还要参与公共事务的管理，有公民权利，有民主权利，这是另外一个问题。

"水能载舟，亦能覆舟"，表明了中国高度集权的社会里头，还是有一种民本思想。人民要拥护你，你简直就威风得不得了，你是金口玉言，你是普天之下莫非王土，率土之滨莫非王臣；如果人民要反对你，人民要折腾你，人民要推翻你，你就变成了毛主席说的向隅而泣的可怜虫，甚至连可怜虫也当不成，脑袋都掉了。旧中国既是一个权力集中的国家，又是一个不断地用暴力手段，通过农民起义来更迭朝代，更迭权力的国家。这里面的经验教训太多了。

怎么治国我们应该研究，还要研究怎么乱国，东周怎么乱的？秦朝怎么乱的？西汉怎么乱的？东汉怎么乱的？这里面学问太大了。这里头我提一条，中国的文化有一些很有趣的思想，我们说君君臣臣父父子子，君要臣死臣不敢不死，父要子亡子不敢不亡，这都非常地讲服从，讲孝顺，讲愚忠，讲不要自己的性命，要看到这一点，但是中国的民本思想里头也有暴力的一面，也有反叛的一面，用毛主席的话来说是造反有理。

《道德经》上说："**天之道其犹张弓欤？高者抑之，下者举之，有余者损之，不足者补之。**"说天道就好像拉弓射箭，拉弓的时候如果你左手这边高了就往下压一点，右手低了就往上举一点，求得一个平衡，求得一个准确，他说这是"天之道，损有余以补不足"。天道是什么？按北京话来说，就是你身上很多油，我拿个小刀在你身上这么一刮，这个油就流下来了，我刮强者支

40

援救济弱势群体，这叫天道。老子底下一句话太厉害了："人之道，损不足而奉有余。"说人之道恰恰相反，谁强谁就刮弱者，谁就压榨弱者，谁就剥削弱者，他要损害弱势群体来锦上添花给强势群体，这太可怕了。老子这个话是社会革命党的语言，这个话是含着某种反叛性的。《道德经》里还有其他地方有反叛性，说为什么有的人吃不好、吃不饱？就是因为君王和诸侯吃得太好，这话都太厉害。中国自古以来农民起义者打出来的旗号四个字"替天行道"，农民起义才是"替天行道"，而替天行道就是要杀富济贫、惩强扶弱、开仓放粮、造反翻身。而一旦到了一群一群的农民在那儿替天行道的时候，水覆舟的可怕劲就出来了，这是对历史经验的深刻总结。

5.物极必反，盛极必衰，否极泰来，多难兴邦

这是中国人早就有的一个历史的辩证法，甚

41

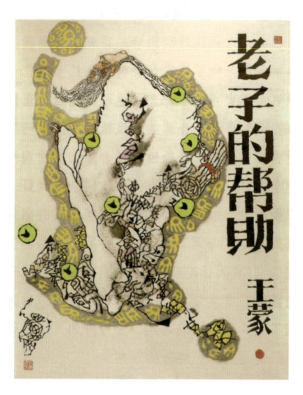

插画《老子的帮助》，赵贵德绘

至带有宿命的色彩，它变成一个哲学的命题，一个神学的命题，一个宿命的命题。《红楼梦》中秦可卿要死了，托梦给王熙凤，说自古以来盛极必衰，月盈则亏，水满则溢，说我们贾家，赫赫扬扬已经好几代了，一旦树倒猢狲散，不知道会出现什么惨状。这个道理很深，但是王熙凤没听进去，王熙凤不可能听得进去，秦可卿死的时候用她的魂灵宣布了这个话。历史上有无数这样的事，这就是历史经验，这就是历史教训，这就是大道，这就是天意。

上个世纪末，美国驻华大使尚慕杰在结束任期，向中国领导人辞行时，江主席对尚慕杰大使说，现在美国非常强大，世界没有对手，这种情况从中国文化的观点上看是很危险的，因为盛极必衰，水满则溢，月盈则亏，他说美国文化没有这一条，我希望你把我的话带给你们的总统。江泽民主席说完了一年后就发生了"9·11"事件，从中华文化来说，对美国的"9·11"事件是有预见的，是可以预见的。

6．"无为而治"

中国人常说的很有特色的治国理政方法，就是"无为而治"。"无为而治"是道家的思想，同时孔子也讲无为而治，并且指出舜帝是无为而治的典范，孔子说舜的治国无他，只是**"恭己正南面而已矣"**（《论语·卫灵公》），恭恭敬敬地朝着正南方一坐就行。这里包含着简化行政管理的观念，甚至与马克思主义的国家消亡的思想遥相呼应。要理解这句话，我觉得离不开当时的政治环境。在春秋战国时候，中央政权非常衰弱，皇帝在那些大臣、诸侯面前可怜得不得了，什么也不是。诸侯谁也不服谁，个个都急功近利，恨不得一朝扫荡环宇，但不知道用什么方法，今天一个主意，明天一个主意，今天一个措施，明天一个措施，今天派兵去打赵国，明天又联合赵国去打魏国，再过几天又是自己跟自己打，胡折腾没完没了，使老百姓不得安宁。所以老子就提出来"无为而治"，就是你们少干点事行不行，少说点话行不行？老子的最高政治理想就是"无为而治"。早在《尚书》里头就有了"**日出而作，日落而息**"，"**凿井而饮，耕田而食，帝力与我何有哉**"的话，就是我老百姓过老百姓的生活。庄子也讲这个，说连鸟都知道飞得高一点，不要让弹弓打到自己，连老鼠都知道把这个洞挖得深一点。老百姓总不会比鸟和老鼠更笨，他们该干什么，不该干什么，他们会明白。这个国家成功是什么意思？就是老百姓都知道哪些事能干，哪些事不能干。你那虽然有法，但没人犯法，你有交警，但没有人醉驾，这是老子认为最好的。

老子认为，对于执政者，"**太上，不知有之，其次，亲而誉之，其次畏之，其次侮之**"（《道德经》第十七章），最好的状态是人们不知，即根本不知道你的存在，这是第一等的，比如开车，一个严守交通规则的人根本用不着考虑哪里有或

者没有交警。第二等才是对你又亲爱又歌颂。我
想起陈毅五十年代初期写过一首诗，里头有一句
"颂歌盈耳神仙乐"。他说的就是如果到处是歌颂
你的声音，你就是神仙也架不住了，你扛不住
了，你晕了。五十年代初期陈毅元帅已经看到了
一味歌颂不一定是好事情。为什么不一定是好事
情？我这么想，一味的歌颂就会形成对你超过实
际可能的希望值，早晚就会有让人失望的一天。
第三等是老百姓害怕政权。我前面已经讲了什么
叫管理，你不服从我的管理，我就有加害于你的
能力，我可以把你关起来，我可以给你判刑，可
以罚款，可以吊销执照，可以没收车本。而最坏
的情况即第四种情况是，你不但要管理他还要侮
辱他，不尊重他，我们也可以理解为互相侮辱互
相开骂。管理者骂被管理者不自觉，没有觉悟，
没有素质，没有道德。被管理者骂管理者全都是
恶霸，全是恶人，那当然是最坏的事情。

　　老子还有一句话是："功成事遂，百姓皆谓

我自然。"(《道德经》第十七章）意思是一件事办成了，老百姓都说什么呢？说这是我自己把它搞出来的。这个"自然"就是我做的，我自行完成的。"自然"不是名词，而是指一种状态，"我自然"就是我自己办的。这说明什么呢？说明权力的追求和老百姓的民心高度一致，权力希望发展生产，老百姓也希望发展生产，权力希望解决廉租房，老百姓也希望获得廉租房，这样做好了一件事，老百姓认为那是与我的心意合一的，像自己做的一样。老子的这个话还符合现在中央讲的群众路线，群众路线我到现在为止看到最完整的文章还是刘少奇在延安时讲的，其中就包括群众自己解放自己的观点，群众是靠自己来解放自己，一切事情要依靠群众，"无为而治"有这个意思。

7. "韬光养晦"

"韬光养晦"实际上在老庄的学说里头已经

有萌芽，老子的说法是"将欲歙之，必故张之"（《道德经》第三十六章），你想把它合上，先得把它张开，"将欲弱之，必故强之"（《道德经》第三十六章），你要削弱他，你得先让他发展发展，"将欲废之，必故兴之，将欲夺之，必故与之，是谓微明"（《道德经》第三十六章）。这个是很微妙的一种智慧，很微妙的一个计策。老子还提倡"知其雄，守其雌，知其荣，守其辱，知其白，守其黑"（《道德经》第二十八章）。你要做的事情不一定是直线去做的。

韬光养晦当然现在对我们来说也很重要。苏联解体的时候小平同志特别强调韬光养晦，但是有一点我觉得不甚理解，我觉得韬光养晦基本上传达到政治局就行了，你不能全国老百姓都说韬光养晦。刘备屯兵小沛，每天种菜，那他就是为了"韬光养晦"，曹操"青梅煮酒论英雄"，找他来，说你干什么呢？他说我这儿种菜，种萝卜，萝卜很好吃，表示他自己并无野心，并无大志。曹操说天下英雄就是你我二人，刘备一听吓得把筷子掉到地上了。怎么回事？他不敢说你一说我是英雄我吓的，他说天上打雷。后来曹操心里想，这么胆小，胆小鬼，这样的人有什么可怕的，上了刘备的当。我们现在反过来说，曹操问刘备："你现在在小沛干什么呢？"刘备说："在下韬光养晦。"

不是活腻了，找死吗？类似的这些东西不能什么都全民重复。

"韬光养晦"是中国政治很重要的窍门，但是这个话不宜说得太多，尤其一个人请不要自己声明"韬光养晦"。

8."治大国若烹小鲜"

最后这三句都和老子关系比较大，前面五句是和孔子关系比较大。"治大国若烹小鲜"（《道德经》第六十章），温家宝总理也喜欢讲这个话，美国总统里根在 1981 年上台，就职演说里头居然也用了"治大国若烹小鲜"。对"治大国若烹小鲜"有的解释非常具体，"烹小鲜"即熬小鱼。韩非子和河上公都解释为为政不要搞得太琐碎，不要折腾得太多。但是我总觉得有另一层意思，即举重若轻，游刃有余。你甭管出了多大的事，你还要有一个平常心来对待，自自然然，胸有成竹，天道有常，各种事情都有它的常规，都有它的道理，不要搞得太紧张。

从上述八个说法，我们会得到一个印象，就是我们中华民族很喜欢把权力的运作文化化、哲学化、理想化，这其实都是相当理想的东西，但是这个理想的标准是文化，就是我们应该有一种政治文明，这种政治文明可以从中华的传统文化中得到许多启发。

但是，我们显然也应该看到作为治国理政来说，我们的传统文化有许多不足之处，比如说关于法治，我们的传统多半是人治盖过了法治，关于监督，我们有文化监督、道德监督、行为监督，还有谏官的拾遗补缺与直言君过，但远未完善，没有制度化。行为监督就是礼的监督，孔子那时候讲的礼不是指礼貌，我们现在的礼貌是一些浅层次的行为标准，他指的礼就是社会的秩序，君君臣臣，父父子子，尊卑老幼这样一个秩序。

我们有这样一种理想化的、有文化的而且深入人心的一套治国理政观念，我们不能够轻易地破除这些观念。但是我们要给予补充，给予关于法律、法制、司法、监督，关于规则、竞争的补充。要有合法的竞争，要有良性的竞争，就还需要做很多的补充。如果不加任何补充，以为现在靠《三字经》《弟子规》能把国家搞好，那纯粹是开玩笑。或者，因为看到我们国家的一些不足，就把传统文化扔在一边或者彻底骂倒，那也是极端愚蠢的行为。

中华文化：特色与生命力

　　很高兴有机会和各位交流，关于中华文化的特点、中华文化的生命力。大家谈起中国文化来都说它博大精深，如何之精彩、如何之好。但是这个文化的特色究竟是什么呢？又感觉到老虎吃天无从下口。我们有舌尖上的文化，我们有非常美好的诗词，我们有阴阳五行、有中医、有太极拳。那么到底从哪几个方面用最简易的方法，用极简版谈谈中华文化的特色与生命力，我想试着和大家交流一下！

　　我认为中华文化有三个特性：积极性、此岸性和经世致用性。

　　积极性是什么呢？就是虽然我们的文化它有

一些问题，是说并不能给你一个明确的答复。比如说地球是从哪来的，宇宙是从哪来的，生命是从哪来的，还有死后是一个什么样的世界，类似的，有许多创世的问题、未来的问题，中国文化都不热衷于解决这些问题。但是它总体来说，让你自强不息，厚德载物，这是中国的很多古书里边所讲的一个道理。

另外中国呢，你不管对人生怎么解释，中国人主张勤劳、反对懒惰。中国人提倡学习、好学、苦学，不提倡你可以不学习、你舒服就行了。

世界各国的文化，在这方面并不都是一样的。比如说一个很奇怪的故事，我在三个地区，完全不同的三个来源，听到了一个同样的故事。最早还是在西德，那时东西德还没有合并，有位作家海因里希·伯尔，诺贝尔文学奖的获得者，他写过一个只有德国人才可能写出的小说，小说的题目是关于劳动生产率下降的故事。他说什么呢？就是一个渔夫在那打鱼，然后一个青年人在树底下睡懒觉，鱼太多了，这渔夫对付不了，就让这青年人来帮忙，说要给青年人钱，他有了这个钱可以过幸福的生活。

这个青年人就说：我现在睡觉就是幸福的生活，帮你打鱼能赚很多钱，到世界各国旅游，但这些对我来说毫无幸福可言。这是德国人写的故事，当然这个很不像德国文化。

第二是我在印度，听到印度的作家给我讲这个故事，一模一样。然后我在访问中非的喀麦隆时，喀麦隆的文化部部长又给我讲这个故事，也是一模一样。但是在中国这样的故事是不会吃得开的，中国文化都是鼓励你往前进，让你知道内容也好，不知道内容也好，说得清楚也好，说得不清楚也好，你要先给我干起来。你要自强不息，你要厚德载物，你要努力学习，你要勤劳、勇敢，你不能够睡懒觉。

另外还有表达中国人的这种积极精神的，是

"知其不可而为之"。就是说，即使你这个事做不到，但是你觉得应该做、值得做，你就去做，即使这个事你要付出惨痛的代价。

孔子又反过来说，做好事最容易了，做伟大的事最容易了。你希望做一个仁者，做一个爱别人的人，做一个也是被别人所爱的人，你这么想了，你就已经是这么做了。因为仁爱就是人的一个本性嘛，这一点都不费劲嘛！这是中国的一套说法。

但同时还有此岸性，此岸性是什么意思？佛学上说，得了佛法的人，能够进入极乐世界。我们这一辈子吃喝拉撒睡、油盐柴米酱醋茶，有高兴的时候、有不高兴的时候，有运气好的时候、有喝凉水都塞牙的时候。但是你得到了佛法，你就大彻大悟、进入了彼岸、进入了另外一个环境，甚至进入跟此生完全不一样的一个环境，你那时候只有幸福。但中国人很奇怪，他不往这方面费劲。

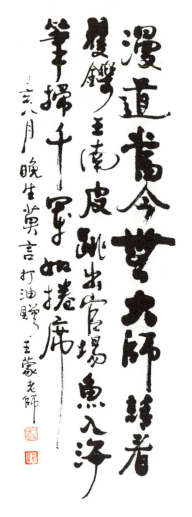

莫言赠诗：漫道当今无大师，请看夔铄王南皮，跳出官场鱼入海，笔扫千军如卷席

孔子的说法就是："未知生，焉知死？"你生还说不清楚，你说死后的那些事干什么，又有谁说得清楚？

荀子又说："唯圣人为不求知天。"真正的圣人不求知天，天意啊！天意，天为什么创造了人呢？这个他不求知道，但是你要尊重天命，要尊重大自然的规律，要尊重老天爷的意志，可是老天爷的意志，你又不可能完全知道。

孔子和庄子他们也都有类似的论述。孔子的话叫："天何言哉？四时行焉，百物生焉。"这是孔子的话。庄子的话叫："天地有大美而不言。"他们都不说话，他们什么都不告诉你，不告诉你你就不用硬磕，不要死磕，你是弄不清天意的。他就是说，我强调的是此岸的，强调的是你能做到的事情你要做到，你不能做到的事情，你费那个劲干什么呢？是不是？你要长生不老？是不是？你要想知道另外一个世界里头你是什么角色，那是不可能做到的。这个地方就避免了中国人把精神、精力放在某一种宗教上。所以中国没有一个全民统一的，非常占用人的头脑、情感和行为的宗教。但是中国又有许多民间的宗教。另外中国有一种哲学上的对于神性的追求，对于终极关怀的追求，所以中国人崇拜的是一种概念神，就是他要创造一个最大的概念，这个概念无所不包。比如说天，比如说道，比如说德，比如说一，一二三四的一，这一就是一切都包括在里边，这就是中国的概念神。

神呢，实际上是一种概念。请大家注意，你们到基督教教堂里头有圣母的像，有耶稣的像，但是里边没有上帝的像，耶稣是上帝的儿子，儿子有像，但耶和华没有像，耶和华有像，它就肯定不像上帝了，它就像人了。所以神本来就是一个终极性的概念，上帝就是一个终极性的概念，在老子的学说里边道就是终极之神，所以它是道教。在孔子的学说里头的"仁"或者是"德"是终极之神。所以这是中华文化的此岸性。

还有中华文化的经世致用性。经世致用性我从远处说起。德国的大哲学家——黑格尔，他读了《论语》的译本以后，表示非常失望。他在没读这本书之前，听了孔子的故事，非常尊敬孔子，认为孔子作为一个普普通通的人，就能影响了中国这么大的一个国家，影响当时中国的三四亿人口，这么多人把孔子当圣人来崇拜，他说这太伟大了。但看完了《论语》以后，他觉得他还不如不看，因为看完了以后，他说太一般化了，太常识了。甚至于他认为这个是儿童时期就可以讲清楚的，你对人要尊敬、不要干坏事儿、要谦虚，这太一般了。吃饭要坐好了再吃，这太一般化了。甚至于他说他感觉孔子缺乏抽象思维的能力，他佩服谁呢？他佩服老子。据联合国教科文组织统计，被译成外国文字发行量最多的世界文化名著，除了《圣经》之外就是《道德经》。他尤其欣赏老子说的知其白，守其黑，把自己沉浸在无边的黑暗里，注视着光亮的世界。正因为他自己在黑暗里，他看什么都看得清清楚楚，这是黑格尔的说法。黑格尔的说法对不对呢？错，黑格尔是学者，是专家，他以学者和专家的眼光来要求孔子，孔子不是学者，不是专家。孔子不但不是专家，孔子还自嘲，说如果要问我有什么专长的话，我种田不如老农，种菜不如老圃，就是管园子的我也不如他们。那么我如果说有什么特长，那就是赶车罢了。

这下面的话是我说的了，这是用王蒙的现代语言了，说要让我填表谈个专长，我只能填司机，是不是？因为我没有别的专长。但是孔子不想当专家，不想当学者。而且圣人不器，圣人不是专门和某种工具联系起来的，不是和某个专门的特技联系起来的，他要当的是圣人。圣人是什么？内圣外王，玄圣素王。就是不掌握任何权力，他也是圣人。因为他就是典范。他要挽救社会的风气，要挽狂澜于既倒。他喜欢的是西周时期的中国社会，他认为西周之后是礼崩乐坏，耽于斗争。人越变越坏，各国在那搞阴谋，杀人越来越多，战争越来越多，所以他要挽狂澜于既倒，使中国回到克己复礼，天下归仁，回到那样一个阶段去。大家都很淳朴，相互都很爱惜，而且尤其是没有战争，很少使用暴力。而且他自己的行为，他每一件事都做得恰恰当当。他不是只是大道理给你讲了，而是吃饭该怎么吃，说话该怎么说，上朝该怎么上，等等，也告诉你了。什么叫孝顺？他告诉你了。有人问他，说是父母老了，子女及时很好地赡养着他，他不愁吃不愁穿，然后能够平安到死，这是不是算孝顺？孔子说，那还要看这个孩子的态度怎么样，要看他的脸色怎么样，是吧？就是你孝顺你父母，你愿意不愿意？你敬爱不敬爱你的父母，你从心里头喜欢他们，还是把他们看成是负担？如果你一个月拿2000块钱给你妈，"啪"的那么一扔，自个捡去吧。这样的话还不如不孝顺。而且孔子说，你养一个动物也可以给它喂饱了。你瞧瞧，大事小

2010 年 9 月 24 日，王蒙在哈佛大学对话美国著名汉学家傅高义（右一）。右二为时任中国外文局副局长兼总编辑黄友义

事他都处理得很好。

孟子还讲过孔子的一个故事。孔子在鲁国当了三年大官，但是后来孔子离开鲁国了。为什么离开鲁国呢？他主持一次祭祀，是祭祀天、祭祀地、祭祀祖宗。这都是最严肃、最重要的事。结果送来祭祀用的肉不合格。怎么不合格也没说，是切的形状不好了，选的部位不对了，甚至是味道令人不快乐。孔子大怒，他连头上戴的一个祭祀用的特制高帽子，都没有摘下来，就辞职走了。别人就问孟子，你说孔子是个圣人，孔子怎么脾气这么急，这么急性子？孟子说的什么？说你们知道什么？孔子在鲁国，鲁国的君王对待他的礼遇非常高。但是三年过去了，孔子他的政治理想并没有在这儿得到推行，所以孔子必须辞职，不辞职的话成了专门为当官而当官了。他不能失去自己的理想，但是又不能激化矛盾。你激化矛盾干什么？人家鲁国的君主对你态度那么好，那么客气，又给你封了大官，所以你要找一个借口离开，宁可让老百姓埋怨孔子，说孔子脾气暴，这个没什么关系。这种埋怨也伤害不到他和君王的关系。

因为孔子这一辈子，当时叫天下了，到处跑，他就想找个地方试验他的仁政、王道，是吧？以教化为主的这样一种为政的政治理想，所以他只能做什么事都恰到好处。可是另外，法国的启蒙主义的思想家——伏尔泰，他高度评价孔子，因为伏尔泰也并不以专家著称，而是作为启蒙主义的代表人物之一，他要把中世纪的法国，从宗教的统治、宗教的愚昧当中解放出来，要来改造成人本的文化。所以伏尔泰就说孔子太伟大了，说这么伟大的人我没见过。比如我们大家都熟知的"己所不欲，勿施于人"，他说这是一个很复杂的问题，但是孔子把它论证得如此之简单，用人间的事证明人间的道理，不用考察引用圣经，不用引用耶稣的话，不用引用圣母玛利亚，不用引用上帝耶和华的主意。

他就是说你既然不愿意人家对你这样做，你就不要对人家这样做。他说这真是圣人。所以伏尔泰承认孔子是圣人，很伟大。所以这就是中华文化，你如果说这是弱点也可以，我们对那些特别专门的、冷门的、特殊的，乃至于稀奇古怪的、奇葩似的技术和学问，并不下功夫，更多的是希望修齐治平，修身、齐家、治国、平天下。

那么我又想和大家讲中华文化的三个方面的"崇尚"，首先是尚德。尤其是以儒家为代表的逻辑，尚德就是说：认为天下的什么事都没有道德更重要。说什么呢？说这个权力、君王，管天下的，当时所说的天下就是中国和周围的一些小国家——小番邦。管天下的叫天子了，他叫天下。说"为政以德，譬如北辰，居其所而众星共之"。为政就是现在说的行政、行为，你掌握权力，简单地说，治国平天下靠的是什么？靠的是道德。道德靠的什么？你就像北斗星一样，其他的人就会围绕着你走，因为你的德行最高，你会受到爱戴。说来说去大家对有德行的人才是爱戴的，对没有德行的人是不会爱戴的，谁有德谁就得人心，用孟子的话叫"得民心者得天下"。

所以凡是儒家的人就没完没了地举例子说：譬如周文王，周文王当初他管的地面就是方圆100里，现在来看，可能是也就一个县那么大，或者再大一点。但是由于他道德太高尚了，他尊敬老人，他提倡礼义，他做事彬彬有礼，他从来不滥用暴力，所以他就成功了。纣王多牛，想杀谁就杀谁，把他叔叔比干也给挖了心，可是最后还是周文王胜利了，所以他就说为政以德就跟天上的北斗星一样，为众星所环绕，所跟随。

然后孔子又说，"道之以政"，用行政手段做引领，"齐之以刑"，用刑法、政法的管理制裁、惩罚来做规范，这样的话，"民免而无耻"。老百姓可以免于犯罪，因为你这法律得执行很严格，是不是？违反交通规则的，一律处罚是吧？你要是杀害了别人，一律杀头。那么很多人他就不敢犯罪。"而无耻"，耻这个地方我当尊严讲，但是他并没有不懂得爱惜自己的尊严，说你不能偷人家的钱，因为偷钱就把你手剁下去，你当然不敢，但是更好的呢，是要让他知道偷别人钱是见不得人的事，是吧？您偷人家一个钱您成什么样了？您成什么东西了？所以他就反过来说，"道之以德"，你用道德来做指引，"齐之以礼"，你用礼节、礼法、礼貌来做规范，"有耻且格"，老百姓懂得爱护自己的尊严，珍惜自己的形象，不要干坏事，不要丢丑，不要出洋相，要维护自己的尊严，自己的形象，而且这样"格"就是他有了点格调了，有了进入一个高一点的标准了。所以他就一直提到仁政，孟子的解释非常简单，极简单的解释，什么是仁者，不随便杀人，"不嗜杀人者能一之"，因为春秋战国的时候杀人太多了。王道也是这样。霸道，这里头"霸"字，不像现在认为非常不好，甚至于认为霸也是一个成

2016 年，王蒙与俄文化部部长梅津斯基进行亲切交谈，并赠送俄文版长篇小说《活动变人形》一书

就。春秋五霸，是不是？齐桓公、晋文公等。霸不完全是坏事，这也是达到一个阶段。楚霸王，其实历史对项羽并不完全否定，他有很多可爱之处，而且他个人的条件也特别好，所以孟子也不是完全反对这个霸，但是他认为王道比霸道更高级，就是他感动你的心，他改善你的精神品格，改善一个地方的社会风气。这个有点像现在咱们所说软实力，靠这个你就把这个国家治好了，这个国家就强大起来了，凝聚力也比较强了。所以他对"德"有这样一种道德理想主义或者泛道德主义的想法。

再一个是尚一，孔子说，"吾道一以贯之"，说我的特点就是我认定了一个东西以后，我从头到尾，从左到右，从前到后，我都坚持，一直为一个目标而奋斗。这个话非常像马克思的话。马克思的女儿问他，你最尊崇的品质是什么？他回答目标始终如一。这个很有意思，有些话像中国人说的，问你最能原谅的缺点是什么？马克思说是轻信，相信就说明你这人很善良，你上当了嘛，所以他能原谅。你最不能原谅的缺点是什么？这可太像中华文化的观点了。马克思说是卖友求荣，所以这个也很有意思，马克思是德国人，但是马克思是犹太人。他这里头很多对道德的看法，中国人能理解，他有那种古老文化，你要是从理论上从历史上说，犹太文化也是非常古老的。

对于这个"一"，孟子的说法是什么呢？"天下定于一"，然后老子的说法最厉害，"天得一以清，地得一以宁，神得一以灵，谷得一以盈"，就是充满了山谷里头，如果能得到一，这个一就是天道。有了天道，山谷里头各种动物、植物、矿物、农作物，那就都有了，要什么有什么。"神得一以灵"，这句话大家也琢磨琢磨，这个神你也得符合天道，你不符合天道，你这神不灵，不灵是什么意思？就 doesn't work，就是你不起作用。神要起作用，就是神你也得听天道的。中国认为道统高于一切，高于神。神是各式各样的，大神、小神、土地爷、花神、鸟神、灶王神、马神等。所以大事小事你也得符合天道，天道高于一切，一高于一切。

另外这里有一个一与多的统一，就是你这个一是什么意思？一天下定律就是中国人崇尚这种一元化的集中的领导、集中的权力，但是这个权力又必须是符合多，就是民心。孟子说的得民心者得天下。

在姚雪垠先生的小说《李自成》里写道，李自成在陕西请了一位秀才叫牛金星，当他的参谋，当他的军师，牛金星一上来讲的一句话，我觉得也很精彩，叫作民心就是天心。那么按这个逻辑民意就是天意，是吧？那么人民的痛苦就是老天都为他而痛苦。不要小看老子，老子你看着他很消极，但是底下这句话，可是老子的话，叫作"圣人无常心"。这圣人没有固定的一个成见，是常心的意思，他没有自己的一个成见，"以百

71

姓之心为心", 就是百姓怎么想的就是圣人的想法。

老子还有一些很激烈的话, 他说"天之道损有余以奉不足"。天道是什么意思呢? 就是您太富有了, 您这都过剩了。损的意思就是从你身上挤出点油水来, 要去帮助那些弱势群体。他说人之道则相反, 他说现在这个世界上有一批人, 他们做的事相反, "损不足以奉有余", 那很简单, 这就是共产党的理论。是不是? 大资本家、大富豪、大地主, 你压迫剥削贫农, 黄世仁压迫喜儿和杨白劳。这个话相当厉害, 这叫作社会革命党的语言, 这是社会革命党的口号, 和共产党的理论是最接近的, 所以农民起义都打着一个旗号, 叫作替天行道。

替天行道, 什么意思? 杀富济贫, 开仓放粮, 是不是, 把一切苛捐杂税全都给你免掉, 这可了不得。所以中国文化里头既有很和平、很舒服、很从容的一些说法, 也有反映社会矛盾的一

2017 年 10 月 23 日，王蒙在北京平谷区玻璃台乡明代古长城留影　　　　　　　　　　　　　　单三娅 / 摄

些说法。所以这里边一和多是统一的，一和多的
统一，我还愿意引用郭沫若的诗《凤凰涅槃》。
他的诗里有句话说，一的一切，一切的一，这是
他对世界对宇宙的感叹。一方面，一是一切杂乱
无章，全世界乱成一团，现在也是这样，可是这
又在一个统一的世界里，互相影响，互相作用，
在国际关系上就是人类命运共同体。

当然，郭沫若那个时期他不见得用这个词，
但是他有这方面的思想，一，中国词的"一切"，
这话真是非常高级。"一"是统一的，"切"是各
种分类分别分部分的，一又是各种不分的，用一
来统一多，用多来充实和丰富这个一，来校正这
个一，所以一又是一又是多。

中国有一个说法，叫天人合一，天人怎么合
一，有的地方把它解释成注重环境保护。

我个人认为，说2500年前，我们已经在思
考环境保护问题，不是特别准确。天人合一更重
要的是在中国文化有一个核心的逻辑。这个逻辑

是什么？人性是善的，性善是从老天爷那儿来的，你是天生的，是先验的，人性来自天性、人道来自天道、人心来自天意，甚至不需要教育。孔子讲得很清楚，你是孩子，你对你的双亲就有孝的感情，是兄弟对你的哥哥或者是对你的兄弟姊妹就有悌的感情，"其为人也孝悌，而好犯上者，鲜矣"，那么长大以后你对长辈孝就是忠诚，你对你的同辈悌就是友爱、信用，所以你在家里孝悌出来以后就是忠信，你在家里孝悌，你出来以后你就是一个建设性的因素，就不会犯上作乱，这是孔子的逻辑。他认为一个在家里很孝悌的人，长大了以后在社会上老是捣乱，这我没见过。但是现实不完全是这样，你问问中纪委，咱们抓的贪官里头也有所谓很孝顺的，中国抗日战争期间的汉奸里头，周佛海就是以孝而出名的。他老妈妈是在国民党统治区死了，蒋介石还特别指示戴笠，戴笠跟周佛海个人有一定的来往，就说你给她妈妈好好安葬，还要争取周佛海，咱就不细说了，反正周佛海是个汉奸。咱们还说孔子，孔子他认为：天道让你善，让你德，让你孝悌。孟子说：天道让你的人性有恻隐之心、羞恶之心、恭敬之心、是非之心。老子说什么是好人？能婴儿乎？说你应该像婴儿一样单纯、诚恳、爱别人，然后不要阴谋。

所以说，他们是用人的美好，用道德来证明天意的存在，用天证明你必须讲道德，你不讲德你就是违背了天道。然后又用天道和美好的德行，来说明权力的合法性。权力的合法性不是靠投票，古代没有人想过投票，也不是靠别的，不是靠你的程序，靠的就是你的道德高人一等，你道德比谁都强，所以你就应该掌权，我们就应该听你的，这就是天人合一。

还有一个是知行合一，外国很少有人这么说。知行合一是什么意思？就是说你个人也好，当官也罢，你的所作所为，一切的得失、成败、顺逆，后果都在于你自己的道德。你道德好了，你心好了，你做的就是好事。你道德败坏，你心坏了，你做的就是坏事。你做好事就成功，大家就拥护你。你做坏事就失败，你就灭亡，你就要掉脑袋，这是中国老百姓很相信的一个话。所以知行合一，这个不是说我知道了很容易，但我做不到。王阳明反对这种说法。他说，这个时候你做不到，是因为你并没有真正知道"未有知而不行者。知而不行，只是未知"。到了孙中山这儿他更进一步发展，他说知难行易，因为他要发动一个革命，他要从根本上改造中国的社会制度与政治制度，所以他更强调知难行易。所以你真正从哲学上看，很难说清楚的问题，但是中国用一种自我循环论证的方法，像画一个圆圈似的，全画在里头了。

还有中国的辩证思维，它也是使中华文化变成一个一切的一切都是矛盾的统一。辩证思维是什么？老子给道的定义，一曰大、二曰逝、三曰远、四曰反。第一，道是无所不包的，它是大的。第二，从实践上说道是最久远的，是永恒的，而且道是什么？为什么说道是最高的？因为很简单，一个具体的产品它可以不存在，但是这个产品在没有产品以前就已经存在了。什么意思？冯友兰先生有一句名言叫：未有飞机之前已有飞机之理。飞机是20世纪才制造出来的，但是飞机的原理是什么？是空气动力学，是流体力学，是几何学，比如机翼的角度，那是力学，是物理学。那么飞机用的能源有能源力学、能源材料学，这些学问的道理一直就存在。所以道比什么都高，没有人就已经有了生命，比如说蛋白质，它有什么作用？碳水化合物，它有什么作用？是吧？神经能够起什么作用，这些都不是一个具体的物质所提供的。所以中国的阴阳五行，都在致力于认识一个混一的世界，就是混合的混，这种词也是非常中国化的。混一，什么叫混一呢？既是混杂的，又是单纯的和统一的。

现在要讲三尚的第三个——尚化。庄子说世

界上一切的事物都是与时俱化，时间在走，事物就在变化。我刚才讲到老子所说的道，"吾不知其名，字之曰道，强为之名曰大。大曰逝，逝曰远，远曰反。"一个是大、远，还有一个逝，他不断地大就是逝去了，就死亡了或离开了，又不断地返又不断回来，这是什么呢？这是中华辩证法，我们知道辩证法，一个是有希腊的古代辩证法，那么后来辩证法提得特别高，黑格尔，尤其是后来的马克思、恩格斯，在辩证唯物主义与历史唯物主义中非常强调这种事物的辩证关系，但是中国人从很早以前，就发现世界上很多对立的东西，是互相影响互相变化的。

比如《道德经》说："世人皆知美之为美，斯恶已，皆知善之为善，斯不善已。"说都知道美是美丽的，这个事就丑恶了就坏了。知道了善良是善良，反倒就出现了不善良了。那么这个话自古以来就有很多人持异议，对它怀疑。说皆知美之为美，为什么会不好呢？包括一些大学问家，钱钟书先生都说过，说老子的理论就是都知道西施是美的了，就证明东施是丑的了。但是东施的丑不能由西施的美来负责啊，就是觉得老子这话说得不好，但是我有一次跟金融界的朋友一块谈老子，金融界的朋友说，这我们太明白了，什么叫"皆知美之为美，斯恶已"，都认为这是个优选股，大家都来投资这个，就是泡沫越来越多，最后泡沫一爆炸，是吧，股市崩盘，这个美也就"斯恶矣"——如此这般，美了半天，糟了糕啦。

所以你要有实践经验，你就知道这种事物从好变成坏，从坏变成好，从赚变成赔，从赔变成赚，从成功变成失败，从失败变成成功，这种历史上的事非常之多。

所以中国又有另外的说法，尚书上就说"穷则变，变则通，通则久"。

中国的民间说：识时务者为俊杰，另外我们看到别人成功的时候不要嫉妒，看到别人失败的时候不要幸灾乐祸。所以孔子教导我们的是什么？"见贤思齐"，看人家好就跟人家学，"见不贤而内自省"，看到人家坏不是幸灾乐祸，而是看到人家坏以后，想这种坏毛病我有没有，这种不应该说的话我说过没有，这种坏脾气我有没有。所以我顺便借这个机会说一下，当20世纪最后10多年，世界上各个社会主义国家都热衷于改革的时候，当时有很多重要的政要和学者，包括基辛格，包括英国的撒切尔夫人，还包括美国后来卡特时期的国家安全顾问布热津斯基，他们都对于中国的改革寄予相当的希望。他们认为苏联和东欧的改革必然会出现大的问题，但是中国因为有不同的文化，中国能够取胜，改革能够成功。

美国有一个作家她叫赛珍珠，赛珍珠在意识形态上和共产党是截然对立的，他写过一些攻击土改方面的书，所以我们对她也很讨厌。但是另一方面，她在美国期间，不停地给美国的政要写

信，必须和中国大陆建立外交关系。她认为中国
人，经受了世界上别的国家的人所没有经受过的
考验。各种天灾、旱灾、水灾、虫灾、兵灾、内
战、外战、疫病、传染病，是吧？什么坏事她都
经历过了，但是这个国家没有灭亡，她的文化没
有灭亡，不但没有灭亡，而且不断地发展，她认
为这里边的道理是需要深思的。中国承认变化，
重视调整与应对，一直有一种自我调适、自我变
化，变化的同时，又不把自己干掉，不使自己出
大的混乱，我想这些能力都是中国文化的生命
力。所以中国有各种说法，说是大人虎变，君子
豹变，虎变是什么意思？说老虎是最能变化的，
老虎身上的斑点和绒毛，它就不断地变，这个可
是生物学上的，我可没有接触，我也没有在动物
园工作过。君子像豹一样的变化，相反的，越是
不能变化的人，反倒不是最高级的人。

这里头我们还有很多成语，我们现在的理解
和他原来的想法正恰恰不一样，比如言必信，行

必果。孔子说言必信，行必果，这是小人，这是下层人，是吧？真正高级的人不一定能做到言必信，行必果。因为世界上的事物都是变化的，当然这个话也不能反过来说，说言必信、行必果不好，老百姓不接受。现在老百姓把言必信、行必果看作一种美德。孟子讲，"资之深，则取之左右逢其原"，当你考察研究得越深，你就可以左右逢源。现在"左右逢源"，在我们的成语里头，有时候是当贬义来讲的，说这个人滑，滑头，见什么人说什么话，我们认为他左右逢源。可是孟子当初说"左右逢源"的时候，说的不是狡猾，机会主义，而是说的一个人对事物理解的全面和善于调整自己，适应事物的变化。荀子说："左之左之，君子宜之，右之右之，君子有之。"也是说你左边有左边的谋略，右边有右边的应对方法，这边的也可以做，那边的也可以商量。但是这个话，你看着你觉得很妙，因为尤其在近现代，从共产党的实践来说，对左和右，说得很多。当然荀子那时候不会想到这里，但是他这里边也告诉你，就是说对左面的情况要有所考虑，对右面的情况也要有所考虑，对左面的方针你可以有所把握，对右面的方针也要有所掌握。这样的一种智慧，这样的一种头脑，在全世界也是少有的。

然后我再讲一下，所谓中华文化的三道，第一是君子之道，坦荡荡，说"君子坦荡荡，小人长戚戚"。小人他是放不开自己的那点得失的。荀子还说，君子可以胜可以败，可以一帆风顺，也可以受挫，都有自己的办法。而小人的特点是，他成功他烧得慌，他失败他受不了。荀子分析。小人没有得到什么东西的时候为得不到而发愁，而小人获得了某种东西的时候，又会为失去他的已得而发愁。所以小人的忧愁是永远没有完结的。这说得太妙太生动了。小人接受不了成功，也接受不了失败，既受不了发财，也受不了受穷。而这个就是说君子的这种适应能力，这种坚韧性，这种耐力，这是小人所不能比的。

孔子说"君子和而不同"。和而不同，就是我们大家关系很和谐，但是不见得相同，因为君子各有各的头脑，不可能对一个事儿都有完全相同的想法。"小人同而不和"，小人在一块儿，那又是拜把兄弟了，又是不愿同年同月同日生，但愿同年同月同日死了。过两天就火并起来了，是不是？饭吃着吃着忽然一刀子捅过去了，这是小人。所以这些地方君子是什么？是有文化的人，是讲道义的人，是讲礼貌的人，是和颜悦色的人，是温良恭俭让的人。所谓君子之道就是文明之道，文化之道，从容之道，耐心之道，和谐之道。

第二是中庸之道，这里边的中还不是正中间的意思，而是准确的意思，庸就是正常的意思。

现在大家不喜欢平庸这个词，但是庸也有另一方面，就是他表示你是正常的，你不搞极端。论语上说"过犹不及"，孟子的说法叫"不为己甚"，已经做得很厉害的，你就不要再往更厉害上去做了。这些地方都表现了孔子说的一句话，"君子中庸，小人反中庸"，越是小人越是没有知识，越是没有文化，越容易搞极端的那一套，越容易搞夸张、破坏性的那一套。

所以中庸之道能让一个人掌握做人做事的精良分寸，这也是非常重要的。

第三是中国的韬晦坚韧之道。中国是在一种非常不平衡的状况下，做一种非均衡的特殊的奋斗、苦斗、努力，这个是令全世界都惊讶的。

先从我们的神话上说起，《精卫填海》是炎帝的小女儿在海里被淹死了，然后她化为神鸟，就叼起小草、叼起小石头子儿、叼起沙粒、叼起尘土，她每天就在飞着往海里面扔这些东西，她的目的是要把海填平，她要报仇，向海报仇。刑天舞干戚，刑天也是炎帝这边的人，在和黄帝的作战中，刑天脑袋被砍下来了，但他是一个武士，是一个卫士，他不甘心死，怎么办呢？他把他的肚脐眼儿当作嘴，把两个胸部的乳变成眼睛，拿着干戚这种冷兵器，继续战斗。

《愚公移山》大家都知道，有人说愚公移山从投资和效率上看它做不到，这就是成心抬杠了。因为它不是一个操作性的方案，说咱们需要移山了，咱们制订一个方案，你们这一家子就去那移这个山，父亲传儿子、儿子传孙子，孙子传曾孙、曾曾孙，你就慢慢地去移吧。哪个人、哪个公司都没有这种方案，他说的是一种精神。

《赵氏孤儿》是春秋战国时候的故事。《赵氏孤儿》同样感动了伏尔泰和德国的歌德，两个人都翻译了赵氏孤儿的故事，而且两个人都写了《赵氏孤儿》的剧本，伏尔泰的《赵氏孤儿》曾经在法国上演。《赵氏孤儿》的故事就是说，一伙人为了报答赵盾这一家对他们的恩情，可以采取什么样的不可思议的方法。这个忠臣程婴，把自己的亲生儿子，献给了正在迫害赵家的奸臣屠岸贾，说我抓住赵氏孤儿了，就是这个婴儿，屠岸贾他们那派人当场就往地下一摔，那个婴儿哪禁得住一摔，当时就摔死了。

然后他抚养了真正的赵氏孤儿，在豫剧《赵氏孤儿》里头，程婴带着赵氏孤儿在乡下过活，这乡下的人就编歌，认为程婴是世界上最坏的人，说：老程婴坏良心，是一个不义的人，老程婴，断子孙，他是一个不义的人。他当然断了子孙，他就一个儿子，已经被杀了，但是他用这种不可思议的方式给赵家留下了后代，而且最后报的仇。这个是不可想象的，是吧？越王勾践的故事也是不可想象的。越王勾践的故事大家都知道，我就不说了。

豫让刺赵襄子的故事，也很有意义。豫让为了给他的主公报仇，第一次刺杀赵襄子失败，被抓起来了，但是赵襄子觉得他是一个义士没有杀他，然而他还要刺杀赵襄子，他没有办法，就自己身上涂了漆，改变自己的形象，他把烧着的炭咽到嗓子里，把自己的声带破坏了，然后他说出话来声音就是怪异的，不是原来的声音了。当然最后他的刺杀也没有成功，但是他有这种精神，这都是春秋战国就有的精神。

像这样一种大仁，以退为进，而且孟子尤其讲"天将降大任于斯人也"。老天爷给他一个宏大的任务使命的话，那么他要受的苦不知道有多少苦，什么苦头都得受。美国作家赛珍珠说，中国人什么苦都受过，这真是了不起。这样的一种决心，这样的道德，也是很少见的。

那么我们文化的命运有它的辉煌，但是也有它的危机，有它的焦虑，也有它的新生，我就不想一一地回顾了，但我要强调一点，强调什么呢？

1919 年的五四运动，正是中国的先进知识分子，对传统的文化进行了我们看起来是毁灭性的反思和批判，但实际上这种毁灭性的反思与批判仍然体现了中国文化的生命力。

孔子所说的，君子闻过则喜，就是看到自己

的缺点的时候，他反倒感到喜悦，因为他要改正自己这些缺点，正是五四运动、新文化运动刺激了中国的传统文化，激活了中国的传统文化，挽救了中国的传统文化，使我们把传统文化当中一些落后的、反科学的、迷信的、封建的糟粕有所洗涤，而使我们所吸收的积极的、进步的、奋斗的、辩证的、善于变化的、善于吸收各方面的积极因素的这一面，能够得到发展。而且中国的文化并不是到了五四的时候才有这种批判，不是的。

比如说我往前看看，比如《红楼梦》，《红楼梦》里边已经表现了文化的危机、文化的困难，也表现了曹雪芹对中国文化的蜕变，新生康复的这样一种追求。

因为更古老的李白时期也已经有对某些传统文化的批评，比如说李白写的《嘲鲁儒》，嘲笑鲁国的儒家的老头，说"鲁叟谈五经，白发死章句"，一直是这一个字怎么样，那个词怎么样，全部力量都放在这个上了。"问以经济策"，你要问到他一些经国济世的方略，"茫如坠烟雾"，浑浑噩噩，就跟掉到烟雾里去了一样。李贺也是为艺术而艺术的人，但是连李贺的诗里头也写到："寻章摘句老雕虫，晓月当帘挂玉弓。不见年年辽海上，文章何处哭秋风。"

那么我们今天谈传统文化，并不是为了回到古代，并不是要回到大家都穿戴上汉服，穿上清朝时做官的衣服，都在那背着《三字经》和《弟子规》，我并不赞成那么做。我们今天的文化是为了解决我们的现代化的方向，我们现代化的方向不是抛弃中国的传统文化，不是离开中国的传统文化，我们谈传统文化的目的是为了建设中国特色社会主义文化。

中国特色社会主义文化源自于中华民族5000多年的文明历史所孕育的中华优秀传统文化，融注于党领导人民在革命、建设、改革中创造的革命文化和社会主义先进文化，植根于中国特色社会主义的伟大实践。所以我们谈传统文化是要对传统文化进行创造性转化和创新性发展。转化和发展它既是传统的，又是在迅猛的发展中走向中国特色社会主义现代化，因为现代化的问题，对于像中国这样的古老文化来说，都是一个非常严肃的问题，是一个非常伟大的进程，又是一个非常痛苦的过程。

因为你需要学很多外边的东西，你自己的传统可能丢掉，可能得不到足够的重视，所以我们就是要想办法做到这几个方面，都能够圆满。另外这样的一种传统文化确实也表现在我们的当今，比如说在抗疫这样一个过程中，我们表现的生命至上、举国同心、舍生忘死、尊重科学、命运与共的这种精神，我们还表现了我们的生命力的顽强、凝聚力的深厚、忍耐力的坚韧、创造力的巨大。中国人过苦日子经验的确非常丰富，但是我们并没有在苦日子面前丧失对美好生活的希望，所以我们的奋斗确实在全世界也是有名的，我们今天谈传统文化，就会知道中国的传统文化和历史是中国的骄傲，是中国的力量所在。

读荀恨晚

荀子曾经与孟子齐名。前者主张性恶，后者主张性善。当然，孟子衔居"亚圣"，荀子在后世的影响比不上人家，这与时间的先后次序有关，也与性恶说在中国不占上风有关。传统文化是注重感情的文化，说人生而性恶，民众士人感情上都不好通过。

但荀子的重点不是骇人听闻、痛心疾首地揭露、拷问与哀叹人间的恶人恶行恶性恶情，像某些作家如雨果、陀思妥耶夫斯基写到诸恶时那样。荀子的调子是人类生而难免有欲有私有争有恶，惜哉痛哉怜哉。荀子的性恶论带有怨而不怒、哀而不伤的特色。他的性恶说，重点不是控诉、审判、斥责人世间与人类的低劣本性，而是强调礼义教化的不可或缺，圣王教化与管理不可或缺。他强调的是：仁义道德有赖于后天人文文化、圣贤文化、规范秩序培养、严刑峻法惩戒，还有天子与诸侯既仁爱又强势的治理。然后才能抑恶扬善，化恶为仁，在内圣外王的圣王带领下，构建天下归仁的太平与福祉。

他的性恶论易于与韩非子等的法家论述接轨，但荀子儒法兼收，儒学为主，在认同法、刑的重要意义同时，尤其强调仁心仁德、为政以德、教化至上、圣贤（精神导师）至上，强调礼制法制的严格规范性；同时，对于老人、残疾人、边缘之人等也有各种变通通融折扣的柔性思路。在某种意义上，荀子的性恶论有他的先进与务实处，与孔孟相比较，荀子接地气多一些，高大浪漫的调门降了一些。

"左之左之，君子宜之，右之右之，君子有之"，荀子含义丰富地引用并称颂《诗经》上的

瓷版画"八圣人"中的荀子。新华社资料片

这两句诗，连通了孟子"资之深，则取之左右逢其原"的名言，表现了他对于治理的立体性、多面性与可调整性的认知。尽管后世对这些说法有不无呆板与平庸自囿直至与原义相悖的解释，我们还是可以看出，一个真正追求经世致用，并能联系治国平天下实际的大儒，与只会寻章摘句的腐儒截然不同。前者能坚持义理原则，也能具体地分析具体情状，还懂得开拓思路，调整部署。而后者，只能把活学问把智慧的能动性搞成较劲的、缩手缩脚的死定义。

以礼经国、以乐辅礼、助礼、饰礼，以圣贤制礼乐，以德为政，以仁厚服人取天下，以严刑峻法保持威慑，以战车军备御敌，以圣贤伟士人才自强，这是荀子之道的全面性、复合性与整体性。荀子最好的理想是备暴力强迫手段而不用，以软实力赢取民心——以王道得天下。这实在是极有特色的中华文化传统。

仁心在内，礼制在外，有阶级尊卑的秩序规

则，有文质彬彬的言语举止，有对于犯上作乱的
警惕禁忌惩戒，有兢兢业业的自我约束，有正心
诚意慎独的自我自律修养，有以礼为先为美的舆
论共识，有是非荣辱之心，存是去非，求荣知
耻，乃有规格、格调、正理、章法：生老病死、
和战吉凶、朝廷内外、生杀予夺、民生百事、社
会分工、资源分定、祭奠庄严、宗教神祇，都有
礼乐、引领、规则、章法、节奏全覆盖，社会自
然高雅太平，举止文明，各安其位，无乱无争，
无邪少恶。

而且，早在两千多年前的荀子就指出："祭
者，志意思慕之情也。忠信爱敬之至矣，礼节文
貌之盛矣……其在君子以为人道也，其在百姓以
为鬼事也。"这样的论述，既尊重人们的感受与
习俗，又强调了礼的文化意义，而与愚昧迷信拉
开了距离，其立论之清醒与实事求是，至今难出
其右。

荀子相当平静地指出了欲与恶的存在，既保

持了敬天的基因，又面对了天与人的区分与实际距离，提出与其和天较劲、不如致力于人事的纲领。同时荀子在中国传统文化论述中罕见地肯定了人欲的不可能去除、不必上火针砭、不需深恶痛绝。生而有欲乃至多欲，是正常的，是无法消灭的，不应该向大众提出压制或消灭欲望的口号。问题不在于有欲无欲，而在于你的欲导引了你的什么行为，有欲则可，因欲而行为不端、无礼违法则断然不允。以礼义规范欲，乃是文明；而以为可以以礼义消灭欲，则是狂悖呓语。在中华传统文化的戒欲防欲制欲主流中，荀子为欲有所辩护通融，也是一家之言而振聋发聩。

孟子的性善论则给儒家思想披上了美好理想，成为人间乐园、美德治平、天生孝悌的幸福长衫。天性即是人性，天心即是人心，天性善，这是儒家天人合一主张的重点。而老子天地不仁的说法，大大降低了人们对待天地、自然、世界的自作多情——酸的馒头（sentimental）。

荀子尤其强调礼，强调礼的文化性、规范性、治理性、祛恶性、和平性，同时强调礼的前提是义——道义与原则。道义与原则践行在外，诚于中而形于外，暖和于中而严正于外，乃构成礼——彬彬有礼、谦谦君子、以文化人、永不生乱。

一方面荀子介绍古礼，细致生动具体有趣，入情入理，可亲可爱；一方面，荀子又借孔子之口讲论：比起戴什么样的帽子的礼数来说，权力系统的人——天子、诸侯、公卿，更应该关心的是仁心人心良知正道。

比起《论语》《孟子》来说，《荀子》的篇幅要大得多。他讲的许多问题比较细、比较切合实情。

荀子专门讲了君道——天子、帝王、君王之道，强调一切都要遵循效仿唐尧、虞舜、夏禹、商汤、文王、武王、周公。同时荀子又提出了"法后王"观点：他不搞复古，不认为中华文化唯古是瞻、越古越好。他倒还没有提出厚今薄古，但颇有些厚古更厚今、活在当下的意思。他提出道义仁礼德的观念，认为这些带有终极价值意义的范畴其实是来自天地榜样垂范，来自圣人教化，是高于权势的，是决定权势被承载拥戴、抑或被颠覆毁灭之不同命运的，是具有崇高性权威性不可逆性的。他认为君王与贤良是要知天命的，是不可违背天命的，正如今日之强调不能违背历史与社会的发展规律。同时他又提出了圣人"不求知天"的重大命题：不赞成将心智用在宗教式的终极形而上空泛高论或占卜式的猜测赌博上，而是认同人间正道，认识人间的可与不可、能与不能、义与非义、礼与非礼，有所选择有所把握，有所修为，这甚至令人想起让·保罗·萨特的无神论的存在主义，想起萨特的"存在先于本质"。而荀子关心的首要，不在于萨特式知识分子的选择，而是君王权力系统的选择。荀子认为，坚持礼义与礼制，在不同的等级层次上践行守护仁德，搞清名分，确定万民万事（日理）万机的统类——性质，也就是孔子强调的正名，是治国理政的首要。

王者不仅合乎天道儒道，荀子还讲王制，即王者的治理法度。他说："奸言，奸说，奸事，奸能，遁逃反侧之民，职而教之，须而待之，勉之以庆赏，惩之以刑罚。安职则畜，不安职则弃。五疾，上收而养之，材而事之，官施而衣食之，兼覆无遗。才行反时者死无赦。夫是之谓天德，是王者之政也。"

意谓："对于说话、主张、做事耍手段、钻空子、不安分、偷奸使坏之人，要给予安置，加强教育，适当等待，有所鼓励引领，有所惩罚警示。能够接受安置的就让他们安定下来，不能接受安置的只好予以舍弃。"

"对于几种残疾人，君王要收养他们，使用他们的才具，救济他们的衣食，全面覆盖，不能遗漏。"

"而对于颠覆社会秩序的人，只能坚决处死，不能赦免。这样做，合于天道天德。这是王者的施政方略。"

这已经突破了儒学的为政以德、道之以德、齐之以礼的范畴和礼教，讲到一些精明强悍的用权手段和计谋了。虽然在其他地方，荀子多次反对治国理政的计谋化。

荀子讲正名，强调桀纣之类的独夫民贼、无道昏君，根本不能算君王，而伊尹、周公等的临时行使君王权柄，也绝非悖逆。荀子的治理思想，包含着对非治、悖逆形势的承认、解释与对策。

荀子强调：法者治之端（根据），君子，法之原。就是说要以人治保证法治。他说：明主，急得其人，闇主，急得其势，就是说，礼义第一，用人第二，炙手可热的权势只能叨陪第三。他的人治高于法治论现在看来也许不怎么对，但

　　2010 年 10 月 10 日，在山西省安泽县荀子园举行的第五届中国荀子文化节祭荀大典上，祭司敬献祭品。新华社资料图片

这些说法仍然惟妙惟肖，来自古代后代本土实践，令人觉得荀子实有朝廷官场政治生活经验，细腻详实。他描写的政治生活现象可闻可见可触可以务实评析，绝非凌空蹈虚之论。他没有孟子那样高调，但是比孟子扎实。

操作起来，他认为天子、诸侯君王们的主要职责任务是用贤人、清奸佞、赏罚分明、绳墨公平。荀子甚至强调说天子君王是正道驱动者、布局者、指挥者与裁判者，而做事处理日常政务主要是靠你用的"相"，以及贤良臣子。荀子认为，有好人好用，天子诸侯可以劳逸适度，可以更多地享受生活，可以更主动地评价监督调配，高高在上，主动在己，进退咸宜；当然，这只能是一个角度。历史上的"明君"，更多是将决策与用人结合起来的。用毛主席的说法，是"出主意、用干部"，而邓小平的说法是："抓头头，抓方针。"

荀子讲臣，把臣子分为几种，一曰态臣，靠

表态作态取宠信者是也；二曰篡臣，做官而扩张权势、穷奢极欲乃至架空君王者也；三曰功臣，取得信任，办实事者也；四曰圣臣，忠诚于君王，忠诚于正道，有所完善，有所谏争，不但出色完成了君命，而且树立了典范、优化了形象，改善各方对于权力系统的舆论观感者也。不用多说，这样的区分，相当地道！

荀子注意区分谄（媚）、忠（诚）、篡（夺）、国贼这四种为臣之道，荀子提出了谏、争、辅、拂这四种社稷之臣——国君之宝；并提出了从道不从君的说法。他高度评价了本土传统政治学对于谏争的讲究。

荀子对于君子小人的说法也极高妙。说小人为什么常戚戚呢？"小人其未得也，则忧不得；既已得之，又恐慌失之。是以有终身之忧，无一日之乐。"此说令人如见其人其事，忍俊不禁。

在论述到诸侯国势强弱的时候，荀子更强调

的是软实力，是君王仁心，是民心向背，是君王的人格修养、道德形象、以文化人之力量。

书中还有乐论，被今人称之为"礼乐同构论"。荀子谈音乐的专门知识很少，强调的是重大礼仪上的音乐使人庄重，正派的音乐在培养礼敬、诚笃、恭顺、和谐的社会氛围、朝廷氛围、移风易俗方面具有巨大作用，同时严厉批评了墨子的非乐论。

荀子猛批墨子的狭隘、过度与呆木，荀子也极度轻蔑公孙龙等人的概念与逻辑推导质疑游戏；恰恰从中可以看出，墨子的许多适宜于较低生产力水平的政策设计如薄葬、废乐等等，与公孙龙的思维训练曾经发生了多么大的影响。我们从中还可以看到当时的士人对于被后世所称道的百家争鸣局面的负面感受。当然，荀子在具有充沛的使命担当、坚持正道同时，似有学术思想上拘泥平面化一面。荀子极力为孔子的诛少正卯辩护，强调心达而险、行辟而坚、言伪而辩、记丑而博、顺非而泽，这五种具有异己色彩的人是小人中的桀雄，荀子认为这样可能的反对派，比刑事犯罪如盗窃更危险，必须诛杀无赦，这有点过线了。

我们可以从《荀子》中读到一些与法家乃至道家相通的思想：关于把握好赏罚、关于权力系统的治理需要与民心结合起来，还有看国家的力量不能只看地盘，更要看君王公卿受拥戴程度等等。我们会想起老子所讲的"功成事遂，百姓皆曰，我自然"，我们也会想起韩非的"明主之所道制其臣者，二柄而已矣。二柄者，刑德也"。这说明了荀子有后发优势，从孔到孟到荀，治理思想是有前进与发展的。

荀子的文字极有特色，写得有理有据，有声有色，有的地方痛快淋漓，有的地方无微不至，有的地方渊博丰富，有的地方大义凛然。读起来如飨大餐，丰厚全席。

整个说来，我个人，长期缺少对于荀子的认

真关注与足够重视，近四年来，我读荀思荀，发挥荀，极有兴趣，痛感需要看重、再看重、多多看重荀子。

王蒙对话何向阳①

    何向阳：王蒙老师，您好！首先，祝贺您在新中国成立 70 周年之际获得"人民艺术家"这一国家荣誉称号，2019 年 9 月 29 日从央视直播中看到习近平主席为您亲自颁发国家荣誉奖章

---

① 本文原载 2021 年 1 月 27 日的《文艺报》。何向阳，女，祖籍安徽，中国作家协会六、七、八、九届全委会委员。中共十六大代表。中宣部全国宣传文化系统"文化名家"暨"四个一批"首批人选，"新世纪百千万人才工程国家级首批人选"。中国作家协会创作研究部主任，二级研究员。全国三八红旗手。享受国务院政府特殊津贴专家。出版有诗集《青衿》《锦瑟》，理论集《朝圣的故事或在路上》《夏娃备案》等，学术随笔《思远道》《肩上是风》《梦与马》，长篇散文《自巴颜喀拉》《镜中水未逝》，专著《人格论》等。

时，我想这份荣誉固然是对您个人成就的肯定表彰，同时也是对您所代表的共和国培养的第一代作家的奖掖，以及对共和国成立之后成长起来的几代作家的激励。作为一个与时代同行、与祖国共命运的作家，从 20 世纪 30 年代开始到 21 世纪 20 年代的今天，您经历了中国社会的巨大变化与进步，其间几乎每个历史阶段在您作品中都留下了印记，您如何看待作家、艺术家个体创作与他所处的大历史之间的关系？

王　蒙：谢谢您！我们那时候习惯的说法是"（上世纪）50 年代开始写作的作家"，刚才你说到"共和国第一代作家"，这个词过去我还没听说过，对我也是一种使命和鞭策。新中国的建立跟文学界、文学人的努力是分不开的，1949 年 10 月 1 日以前，中国有一大批优秀的老作家，比如鲁、郭、茅、巴、老、曹，冰心、叶圣陶、丁玲、艾青、欧阳山、草明、赵树理、康濯、马烽等等，作家的阵容特别强大，而且当时我们文

2020 年 12 月 27 日王蒙与何向阳在中国现代文学馆对话

化界、文学界的情况跟前苏联还不一样。在刚刚成立的新中国，大量作家回归内地、回到大陆来写作，关于这件事情，舒乙讲过，他说老舍就说过，1949 年中国有 90% 的写作者都是欢欣鼓舞地进到北京，来迎接新中国的建立。就说我自己吧，我的青年时期，甚至是少年时期，就是在这样的氛围里度过的。我入党很早，大概 14 岁的时候，只是符合了共产主义青年团的入团年龄。我所处的那个时期正好赶上时代的大变迁，这给予了这一代人激励、激情，也为我们提供了亲眼为历史作证的机会，这是我们这一代人这一代作家的幸运，也在以后变成了我们写作中共同的一个文学的主题或者说是母题。

何向阳：您的第一部长篇小说，写于新中国成立初期的《青春万岁》，入选"新中国 70 年 70 部长篇小说典藏"书单，这部小说影响了一代代的读者。2019 年我在中央党校第 46 期中青班学习，我们毕业前的一次会上还有一位老师高声朗诵这部作品中的"序诗"，"所有的日子，所有的日子都来吧，/让我编织你们，用青春的金线，/和幸福的璎珞，编织你们。"当这首诗被朗诵出来时，我感觉身上的血都热了。对于《青春万岁》不同年代的读者的阅读记忆是不同的，2018年在青岛，在"改革开放40年最有影响力的40部小说"发布会上，我们坐在台下聆听了您和一群中小学生一起朗诵。那次倾听让我和许多人都流下了泪水。一部作品活在一代代人的心里，是多么美好的一件事。《青春万岁》给一代代读者留下了难以磨灭的记忆，的确是一部跨越了许多岁月的不朽作品，从1957年这部长篇小说的部分章节在《文汇报》上发表，到1979年人民文学出版社出版长篇，再到1983年黄蜀芹导演的同名电影，后来2005年国家话剧院一度要把它改编成话剧，再到2019年《故事里的中国》节目中，它以舞台剧的演绎形式得以呈现，可以说它影响了一代代的读者。而对于您来讲，它的意义更是不同，您个人的青春年代与共和国的青春是同频共振的，而且这种"同频共振"的关系在您的创作中一直贯穿始终。

王　蒙：你刚才说的这个词——"同频共振"，我特别喜欢，也特别感动，我们这代人如果说幸运，就是我们的生命、我们的年龄和这个国家的历史发生了共振。那些小至十三四岁、大至十八九岁的青少年，他们赶上了革命的胜利，国家命运再造的进程，这是多么难得。1947 年，毛泽东主席作了《目前形势和我们的任务》的报告，他当时都没想到胜利来得这么快。然后你看到的一切都是新的思想，人们唱着新的歌，用的词也都不一样了，人的作风也都不一样了。我写的书恰恰就有这样一种想法，把这些记录下来，把它们挽留住。因为人不可能天天处在这样一种激奋状态，看什么都新鲜：听一次讲话就热泪盈眶，看一个苏联电影也是热泪盈眶，你要当时不记录下来，可能以后就很难再体会那种心情了。

中华人民共和国 1949 年建立以后，每天都在发展，都有好的事情发生，比如说北京刚一解放的时候垃圾堆特别多，当时整个东单广场全是高高的垃圾，臭得不行。国民党政府的时候根本没人管，后来共产党来了以后，连夜用两三天时间清理干净。之后一年之内就开始在交道口建电影院，在新街口建电影院，在什刹海开辟游泳场，万事万物都百废俱兴。1953 年 11 月我开始写《青春万岁》，确实也是一种勇敢的对于这个大时代的记录和应答，我想尽到自己的历史责任。《青春万岁》现在仍然不断地以各种形式在重版，2020 年也有新版，不止一个版本，我很受鼓舞。因为《青春万岁》是 1953 年开始写的，1956 年我获得了半年的创作假，基本写完了这部作品，这部小说的序诗，就是您刚刚讲的"所有的日子都来吧"。当时我特别崇拜的诗人是邵燕祥，我就把序诗寄给邵燕祥，后来他都忘了，但我记得非常清楚，因为那时我是他的一个"粉丝"，当时他给我回了封信说"序诗是诗，而且是好诗"，这话很有师长的味道。诗一上来有两句话，为了整齐他给我改了，本来是："所有的日子，所有的日子都来吧，让我编织你们。"最后他改成了"用青春的金线和幸福的璎珞，编织你们"。

何向阳：在自传、自述写作中，您多次提到许多作家的文学作品对您最初写作的影响，比如列夫·托尔斯泰、屠格涅夫、陀思妥耶夫斯基、契诃夫等，您在《王蒙八十自述》中写道，"1952年的深秋与初冬我在阅读巴尔扎克中度过"，您还说，"超越一切的是法捷耶夫的《青年近卫军》，他能写出一代社会主义工农国家的青年人的灵魂，绝不教条，绝不老套，绝不投合，然而它是最绚丽、最丰富，也最进步、最革命、最正确的。"能够以这样热情的文字写一位作家，足见《青年近卫军》对您写作初始时期的影响，少年时代对俄苏文学的阅读和接近，构成了您作品最

117

初的理想主义底色。

一代作家的成长离不开大的时代环境。1956年由中国作协与团中央联合召开的第一次青创会，汇聚了新中国的青年作家英才，听家父说你们当时住在新侨饭店，会议开得生机勃勃，周恩来总理专门到会上来看望你们，可以想见那次青创会的盛况。长篇小说《青春万岁》与中篇小说《组织部来了个年轻人》的写作同属一个时间段，它们之间也有主人公生活的连续性，一个即将走出校园，一个刚刚走进机关，主人公的精神实质是一致的，但人们往往对林震这个"新人"的理解与郑波、杨蔷云等"新人"又有所不同。林震这个"新人"形象的确是与众不同的，小说似乎在批判向度上将现实主义的文学精神引入了深层，林震"这一个"人物在当代文学史上的地位即在于他将信仰视为生命，并在工作中一以贯之，不懦弱，不妥协，他坚持坚守的东西真的是贵比千金。但无论当时还是现在，对"这一个""新人"形象的研究仍是不够的。什么是您最希望在林震这位主人公身上得到表达的?

王　蒙: 法捷耶夫是一位长满了革命者的神经与浪漫的艺术细胞的作家,他的革命理想、艺术理想、文学激情融合在了一起。他写的苏联卫国战争中的青年近卫军成员,单纯而又丰富,勇敢而又坚忍,忘我而又个性化。16岁的队长奥列格,冷静周到,有着领导人的素质。净如水莲的乌丽娅,深沉矜持。而泼辣靓丽的柳巴,玩弄法西斯如入无人之境。险中取胜的丘列宁,是孤胆英雄。他们与另一种空虚的、颓废的、自私的哼哼唧唧的人生是怎样的不同啊。即使苏联最后解体了,法捷耶夫则早已自杀,他写青年英雄人物,他的追求,他的理想,他的新生活与新人梦,他对于美好的青年美好的人生的向往,仍然永在。我当时是新民主主义青年团的工作人员,我们那时每天讨论的都是培育全面发展的社会主义新人。

　　至于林震，他不是英雄，他有追求，也有幼稚和困惑。即使是笃诚的现实主义写作，也因为作品的浪漫与激情而渲染着梦想与现实的碰撞，有火花，也有泪痕，有宏伟雄奇，也有天真烂漫和脆弱。现实而又梦想，生活而又文学，世俗而又升华，多情而又那么多成熟的人情世故：这也许正是文学的魅力吧。

　　第一次青创会，我们是在北京饭店与周总理见面的，女同志们排着队等着与总理一起跳舞。

　　何向阳：我注意到您的创作有几次大的起伏，或者说是有过几次创作高峰期，比如20世纪50年代、80年代、21世纪的今天，也可以说是新中国成立初期、改革开放初期、新时代，您的创作均处于"突飞猛进"的爆发期，三个时期各有代表作，从《青春万岁》到《活动变人形》到《笑的风》，各个阶段的中、短篇也极为精彩，比如《组织部来了个年轻人》，比如《蝴蝶》《布礼》《如歌的行板》《明年我将衰老》《生死恋》等。但同时我也注意到一个现象，就是您的创作不惧低谷状态，文学创造能够最终以另一种方式得以完成，比如《青春万岁》，其由人民文学出版社正式出版是在 1979 年，而那时已是完成它的 25 年之后了；而获得茅盾文学奖的《这边风景》，写作于 1974 年，出版于 2013 年，从 40 岁到 79 岁，其间整整相隔 39 年。25 年，39 年，无论岁月如何流逝，您一直以文字在与岁月与时间博弈，当然最终您是胜者，同时也可以说这两部作品都经历了漫长的时间考验，也见证了您创作的两个最重要的人生阶段，我想知道的是，您是如何在时间或经历可能要拿走您的文字的时候，而紧紧地抓住它从不放手的？这样的状况好像在一个作家身上并不多见。对于早期作品的修订与创造，其实对于一个作家而言是一项比原初的创作更艰难也更具挑战的工作，您是怎样在漫长的岁月中一直保持着这样一种特别昂扬的创造力的？

王　蒙：我自己也说不清楚，当然对于一个写作者来说，这也可以说是一件幸运的事。我们现在可以设想一下，如果《青春万岁》不是1979年第一次出版，而是上世纪50年代就出版了，当时获得的反应可能比后来还强烈很多。但是从另外一个角度安慰自己，这也算是对我的写作的一个考验，一部作品毕竟经历了这么长的时间的、历史的考验。《青春万岁》经过了四分之一个世纪，《这边风景》大致上是经历了40年才出版的，当代文学中有许许多多远比它们更重要的更有文学史意义的作品，经过25年或者45年以后，您再看那些作品，它可能会是一个重要的里程碑，但已经不在读者的书桌上，更不在青年的案头上了。这也是很遗憾的事。所以我觉得《青春万岁》近70年后还红火着，真是幸福啊。您记得吗？国庆70周年，国庆群众游行的一个方队就命名为"青春万岁"，而方队的群体自行车队，是多么接近黄蜀芹导演的《青春万岁》影

　　《青春万岁》是上海电影制片厂拍摄的剧情电影，由黄蜀芹执导，任冶湘、张闽、梁彦等主演，于1983年上映。该片根据王蒙的同名小说改编，讲述了20世纪50年代初，一群不同思想性格、充满青春活力的女学生互相帮助、共同成长的故事

片场面啊！这也是我的幸运，尤其我没想到，在邵燕祥的帮助下改出来的序诗，现在还有点家喻户晓的劲儿。你上网上查一查，有很多版本，有青年学生、著名演员、广播员、艺术大家演绎的不同朗诵视频版本，各有各的味道。

何向阳：这首诗在不同年龄段的人群中都能引起共鸣。它跟您的许多作品一样，就是总会有一个非常光明的底色在里面，有一种乐观的、不顾一切而向前走的精神，我个人觉得您的作品一直有一种追光感，或者说是一种趋光性，一种向前的行动，它是追光而行的，哪怕在个人创作不是很顺畅的时期，或者是坎坷、曲折的人生段落里，您的作品，包括您本人也一直给人以一种追光的感觉。

王　蒙：我是觉得不管怎么说，在我已有的80多年人生历程里，一个始终有目标、有太多的热度与活计的人生是幸运的，它是光明的人生，是幸福的人生，是一个足实与成功的人生。

人一旦老了，往往有些遗憾和后悔，觉得这个事情想干没干，那个地方想去没去过，年轻的时候想唱歌也没唱好，后来想跳舞也不会跳……可我这样的遗憾比较少，我86岁了，没闲着，不必蹉跎踌躇，这绝对是一种真实的心情。我也觉得环境对我来说仍然产生了正面的影响，我开玩笑说，人这一辈子跟打篮球一样，上半场你输得比较多，15比68落后，可是下半场你打得优秀一点，反败为胜了，大比分超出，还发什么牢骚，还吭吭唧唧什么呢？

这是从个人角度，从社会、国家的角度来说，我这辈子经历了别人几辈子的事，原来咱们吃喝拉撒睡是什么样的，现在又是什么样？我小时候出生3年最大的事就是卢沟桥事变，日本占领了我们的国土，当时我是在沦陷区也叫占领区。我们那儿离阜成门很近，到处都站着日军，男女老幼从他们面前经过都得鞠躬。小学里有个日本教官，一上课全体老师学生都得站起来先说日语，那是什么滋味？我这一辈子经历了太多事儿了，当然自己也会有各种各样的反应。我自己也参加了，也争取了，也冒险了，也奋斗了，付出了不可以不付出的代价。看到新中国的建立，有这么一个光明的底色。再说我虽然小，但党的政治生活参加得非常多，从最早在天安门广场参加腰鼓队，到后来"三反""五反"的时候斗资本家，各种事见多了。当然我也有懊恼，也觉得自己肯定有错误，有缺点，有需要纠正的地方，但是少有遗憾。

何向阳：您经历了新中国的成立、建设、改革开放、新时代这样一个完整的历史时期，作为一个作家，对这一完整的历史时期的社会发展，您是最好的观察者、参与者并同时也是最有发言权的书写者，同时作为一位作家，您的作品也忠实记录了共和国的发展历程，当然其中也有曲折和弯路，但您在作品中表达的情绪一直是昂扬的，乐观的，向前的，即使在面对困难时也毫不晦涩灰暗，您一直相信，一种对生活的信念在您作品中一直"活着"，就像《布礼》中凌雪对钟亦成所说的"物质不灭和能量守恒的法则"，"人民的愿望、正义的信念、忠诚"，作为您作品中的底气，哪怕是在杂色的生活中，您的写作所传达出来的东西也总是光明、温暖而坚定的。

王　蒙：对，非常坚定，尤其没有绝望的念头。我总是觉得，事情总会往好的方面发展，即便不发展也坏不到哪儿去。为什么呢？我去新疆从事了很多体力劳动，但是劳动不好吗？我父亲跟我说过俄罗斯的心理学家巴甫洛夫的一句话，原文我记不清了，大意是说——我爱劳动，我爱脑力劳动和体力劳动，但是我更爱体力劳动。你也可以说这是自我安慰，但是为什么人不可以自我安慰？你不自我安慰，自己折腾自己，自己折磨自己，我觉得不是好的选择。

何向阳：特别喜欢您这种乐观的态度，总是很欢乐地去拥抱生活，这其实体现了您的人生信念，包括对生活的信念，对文学的信念，对人的信念，这是一个底子。有这个底子，才能够坦然面对所经历的一切，才能够纵浪大化、不忧不惧。刚才您说到新疆，新疆之于您的创作与人生的重要性而言，是不可替代的。从1963年到1979年您在新疆度过了16个春秋。1963年您还不到30岁，这16年是您从29岁到45岁的岁月，也可以说是一个人从青年到壮年的最好的时候。您的《你好，新疆》一书开始一句就是："我天天想着新疆！"您在回忆新疆时期的文字中写这16年对您的一生"极其重要"，您"受到了边疆巍巍天山、茫茫戈壁、锦绣绿洲、缤纷农舍的洗礼"，您"更开阔也更坚强了"，您对外国朋友说，您这16年"在修维吾尔学的博士后。预科2年，本科5年，实习3年，硕士研究生2年，博士研究生2年，博士后2年，共16年整"。您说，"越是年长，我越为我在新疆的经历，为我在新疆交出的答卷而骄傲。"70万字的《这边风景》作为一份长长的答卷，足见新疆在您生命中的分量，足见这段生活对您产生了怎样至关重要的影响。

王　蒙：这里我要说明一点，我在新疆 16 年间参加体力劳动的时间大概是 8 年，并不是全部的时间。因为我在伊犁，户口和家都安在伊犁，但我是在农村参加劳动，有 6 年时间在农村参加劳动，还在"五七干校"待了两年多。另外 8 年是在编辑部，当时叫创作研究室，帮助当地排话剧写稿子。我确实是喜欢新的事物，对世界充满了好奇心。我为什么愿意去新疆呢？原因之一就是毛主席号召知识分子要经风雨，见世面。他说，应该经风雨、见世面；这个风雨，就是群众斗争的大风雨，这个世面，就是群众斗争的大世面。而且我认为毛主席特别关注中国的农民。所以我就去了新疆，我在北京待的时间太久了，那时候我已经快要 30 岁了。

何向阳：所以您 29 岁选择了去新疆。

王 蒙：对啊，我已经快要 30 岁了，这里头绝大部分时间都是在北京，除了 3 岁以前模模糊糊的记忆是生活在河北南皮。一个人光在北京生活是绝对不够的。还有一个，我现在想起来也特别幸运，就是我当时感觉在北京找不着感觉，因为上世纪 60 年代的社会生活复杂多变，我也没办法预料和判断未来的生活和前景会怎样，一直到现在，我在回忆我这一生的时候，都认为当时自己做出了一个关乎生死存亡的智慧选择，那就是去新疆。去新疆我救了自己，也获得了更阔大的世界。

世界这么大，尤其新疆，不到新疆你能知道伟大祖国有多大吗？一到新疆，我立马就服了，那出一趟差到伊犁得三天三夜才能到地方，到喀什得六天六夜才能到，到和田需要九天九夜。在新疆，人对于空间和时间的观念都发生了变化。此外当然还有文化观念的变化。新疆是伟大祖国的不可分割的一部分，每个民族各有自己的特色，南疆和北疆也不同，即便同样是南疆，喀什噶尔跟阿克苏、和田也不一样，和北京当然是不一样的，就像俄罗斯思想家萨尔蒂科夫 - 谢德林专门写过一本书《外省散记》，如今，一个写作人在首都与在"外省"也各有特色，各有长短。我觉得我的心胸、观念在当时有了很大的扩展，这扩展也不容易，这种可能性可以说在当时的中国也是很难做到的。这也是我人生里一个非常重要的阶段，而且我还必须说明，在这个阶段我得到了很多人的帮助。我只能说，我的选择是一个自然的正面的选择。我没有因为去新疆而悲观失望，而是越来越有希望。

何向阳：新疆对于一位作家的滋养，是让您接了地气。原来是一个青年，回来就是一个壮年了，而且您是带着整个人生的新疆的大风景回来的。到了上世纪七八十年代，也就是 1979 年到 1986 年，您的创作呈现出一种"井喷"的状态，那时候一打开文学刊物全是王蒙的新作，而且风格各异，有现实主义的、有现代派的、有先锋的，让读者有"眼花缭乱""目不暇接"之感，《蝴蝶》《春之声》《海的梦》，新作之多，真的是让评论家们追也追不上。这种创作的"井喷"状态，是不是也有新疆生活对您的激发？一下子就把您的这个气给提起来了。

王　蒙：新疆提供了一个特别好的，和我的城市生活互相参照的一个参照物。当我写到城市特别是干部和知识分子，脑子里浮现的仍然是新疆农民的音容笑貌，当我写到新疆的这些事情，也有城市的干部、知识分子、工人，以他们的存在来比较，这大概可以叫作比较地理学。刚才您提到一些作品，但是还有一个作品您没有提到，它对我个人的意义非常大，就是《夜的眼》。《夜的眼》写得非常早。那是 1979 年 10 月我写出来的，11 月刊登在《光明日报》，而且《光明日报》发了一个整版。《夜的眼》的读者可能没从中看到新疆，但实际上有新疆，说到原来我待的这个地方去搭便车，手里头抓着一个羊腿。这种场面是属于新疆的，可爱，可悲。后来我写了一组收到《在伊犁》里，都是跟新疆有关系的作品，甚至其中某些还带有非虚构色彩，这些作品有的翻译成了日语，有些翻译成了英语。

何向阳：上海文艺出版社曾出版过一部《王蒙和他笔下的新疆》，图文并茂，其中的文字就选自您的《在伊犁》系列小说，记得有《哦，穆罕默德·阿麦德》《淡灰色的眼珠》《好汉子依斯麻尔》《虚掩的土屋小院》《爱弥拉姑娘的爱情》等。的确如您所言，新疆作为您的第二故乡，"是她在最困难的时候给了我快乐和安慰，在最匮乏的时候给了我以丰富和享受，在最软弱的时候给了我粗犷和坚强，在最迷茫的时候给了我以永远的乐观和力量。"有时候我想，一个地方与一个作家很多时候是一种相互找到。新疆与您就是这么一种情形。如您诗中所写——"我变了么？所有的经过 / 都没有经过，我还是 / 你的。"还

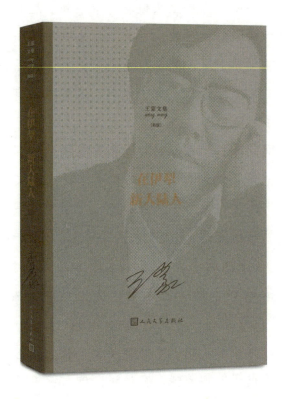

王蒙著:《在伊利·新大陆人》，人民文学出版社 2020 年版

是那个"戴眼镜的巴彦岱"。同时我也注意到几十年来，您一直保持着旺盛的生命力和蓬勃的创作活力，无怨无悔，真的是——所有的经过 / 都没有经过，这种超越能力，只有天真而深邃的爱才能做到。记得一次从广州开会回来，在飞机上读花城出版社出版的您的《明年我将衰老》，竟读得哭出了声，打动我的不止语言，更是那种化解不开的深情。近年，您的《生死恋》《笑的风》出版，作为您的忠实读者，2020 年 10 月，我还在《人民文学》上读到您的短篇小说《夏天的奇遇》，而 2019 年 1 月的《人民文学》《上海文学》都以您的小说打头。就在 2020 年初，人民文学出版社出版了您的 50 卷《王蒙文集》。记得《王蒙文选》1983 年出版时是 4 卷，1993 年是 10 卷，《王蒙文存》2003 年出版时是 23 卷，《王蒙文集》2014 年出版时是 45 卷，时隔 10 年，您的作品从数量上来讲几乎翻番，而距 2014 年短短 5 年之后，新版《王蒙文集》已达 50 卷，2020 年新发表的作品还没有收进去呢。从数量上看，呈几何级数增长，从时间上看，它还一直在不断"生长"和"可持续发展"着。我个人感觉您的创作在新时代又迎来了一个巅峰期，这个巅峰期，让我想到改革开放新时期伊始，您的一系列中、短篇，如"集束手榴弹"在中国文坛造成的威力。这样的文学创造力，即便对正处于盛年的很多中青年作家而言，也都难以达到，为您旺盛的创造力感到惊喜和敬佩。您的这种创作动力，似乎一直未有停顿，这些年，就像改革开放初期一样，您的创作又迎来了新的井喷。

王　蒙：大致是 1957 年底在《人民文学》发表了一个 2000 字的短篇小说叫《冬雨》，这个作品后来翻译成了捷克文、斯洛伐克文和英文，在捷克出版的 3 种文字的文学刊物，都把它发表了。从那以后一直到 1978 年，我基本上都没写过什么东西。这其中有 20 年的时间是沉默着，也不能说没有发表过，因为好像 1962 年发表过两篇，但有相当长时间基本上写作是中断的。一旦能写作，就有很多很多东西可以写，就叫厚积薄发吧，因为歇菜 20 年了。我对写作的最大的动力，还是对生活的热爱，这个热爱可以表现为兴趣，也可以成为热烈与坚忍的期盼。它是一种激情，你甚至也可以说是一种爱恋。

何向阳：也是一种深情。相比于小说家的冷峻分析，您的作品常常透露出的是一种诗人气质。单纯、浪漫，也很独特、果断。

王　蒙：是一种对生活的爱恋吧。对于我来说，写小说我很少先想到故事，而是先想到这个事儿、这个人必须要写。这种感觉必须要写，某种倒霉的感觉一定要写出来。而且不光是倒霉，更重要的是从倒霉变成好的感觉，都是从感觉出发的，这种对生活的热爱和恋恋不舍，构成了我写作的动力。可以说，我对于生命、活着的感觉就在这里。

何向阳：几年前我曾在绵阳一次关于您创作

的全国研讨会的发言中，引用了您的一句话，讲您的作品是写给世界的"情书"，您 80 岁了，但仍在爱着。2020 年 1 月参加北京全国图书订货会，人民文学出版社为您新版 50 卷文集召开了首发式，当时我望着满满当当两大箱子您的 50 卷文集，不能不再次感叹，这得对这个世界有多爱，才能写出这么沉甸甸的足分量的"情书"呵！

王　蒙：哈哈。真是这样，这里面包括对生命的珍惜。人老了，现在 86 岁了，您不能说"明年"再衰老了，但是我没有疲倦感，也有很多朋友跟我年龄差不多的，现在记忆力不行了，一想到写作烦得要死。我也很同情人家，我相信他说的话，而且人家也有可能烦你，你没完没了地写也有可能造成审美疲劳。但是我仍然珍惜我的生命，珍惜我的老年，起码我最近这 3 年写起文章来词儿就特别不一样，绝对跟过去不一样。大致上，从 1996 年到 2012 年，我这十几年正经写的很少，只写了《尴尬风流》，就是那种带有自嘲性的小短篇，要把超短小说都加在一块，也算个长篇了。我国有一个说法叫做"青春作赋，皓首穷经"，那几年我主要在研究孔孟老庄，后来还加上荀子，一共写了大概 10 本书，占据了我主要的时间，但每年还都会写十几二十篇的《尴尬风流》。2012 年以后，我进入了一个新的人生阶段，因为我生活上、情感上有了更大的变化和刺激，一个是和我同甘共苦半个多世纪的爱人瑞芳去世了，后来我跟单三娅有了新的结合，我在生活当中所经历的各种个人和情感的变化，同社会生活剧烈迅猛的发展结合在一起了，我又开始中短长各种作品都写起来了。

何向阳：2012 年，对您个人来说是一个转折点。您个人生活情感的变化与社会生活的变化再一次结合在一起，2012 年之前，您有一阶段的创作多集中于对老子、庄子的文化解读上，好像从 2012 年以后，您又开始大量写小说了。

王　蒙：对，也可以说是一次新的井喷，其中有历史的背景，有个人的生活，自己的内心世界的变化，所以我的创作确实又掀起了一个实际的高潮。2018 年，《人民文学》《中国作家》《上海文学》都在 4 月刊发了我的作品，对我来说确实算进入一个新的阶段。甚至于我还要说这里头也有文化的变化，因为那一段找我谈文化问题的人也特别多，有文学的话题，有语言的话题，我一进入那个语言圈里就欲罢不能，光这些词就把你给点燃了。我最近又开始写新的小说，当然我不能向读者保证说我还能再写多少年。但是目前，说起文学创作、小说创作，我仍然在兴奋之中，不管你写多少论文，多少诸子百家的研究文章，一写起小说，每一个细胞都在跳动，每一根神经都在抖擞。我想说得瑟，后来改成抖擞，其实我心里想的也可能是哆嗦。

何向阳：这个状态太好了，就是舞蹈的状态，这种跳舞的状态，就是所有细胞都调动起来的状态，是作家写作中最活跃最投入也最忘我的一种状态。

王　蒙：说得太棒了，确实是跳舞的感受，是发狂的感受，我从来没有感到写作是这样动感，是在满场飞地跳动。

何向阳：最近读您的《笑的风》，您把中篇改写成了一个长篇，里面还有一些诗歌，这些诗都是您原创的吗？您的诗集我读过。相比而言，您的小说的抒情性越来越强。我是说这太有意思了，是一种叙事和诗意相互交织的状态。

王　蒙：这是我从《红楼梦》里学的。中国人对我们平常说的五言七言诗非常有兴趣，吃喝拉撒睡，会客、游戏、娱乐、喝酒都要写诗。曹雪芹动不动在小说里就来一段儿。中国古代有一个成见，小说、戏曲、还有词（实际上是唱词）都是低俗的，文章和诗才是高雅的。曹雪芹当时潦倒不堪地写小说，同时他提醒读者，他也会写很好的诗。《红楼梦》写元妃省亲的时候全是歌颂的诗，连林黛玉写的都是歌颂的，"盛世无饥馁，何用耕织忙"。但这不是林黛玉写的，而是曹雪芹写的。我的文集里，最早的作品就是 10 岁做的第一首古体诗《题画马》，那时候我每天都在学画马，可是我绘画没有任何才能，却写了"千里追风谁能敌，长途跋涉不觉劳，只因伯乐无从觅，化作神龙上九霄"。我当时 10 岁怎么就想出这种诗了，而且摆出一副怀才不遇的架势，现在我也想不明白。

何向阳：您这番话让我想起，您在上世纪 80 年代提出一个观点，就是作家的学者化问题。我以为这也是一个对于作家的精神资源的建设问题，这一问题当时一经提出就引起文学界的关注。在作家学者化问题上，您一直是您理论的实践者，可以说在这一方面您一直身体力行，您关于庄子的作品就至少写了三部，《庄子的享受》《庄子的快活》《庄子的奔腾》，而且都是在一两年内完成的。还有《老子的帮助》，从"孔孟老庄"一直到李商隐的注疏、《红楼梦》的解读，今年您又刚刚完成了历时 4 年写作的荀子的研究著作。您在大量的小说创作间歇，还兴致勃勃地写下了甚至在某一时间段就体积与容量而言都比小说创作本身大得多的文化随笔、研究著作，又出版了《王蒙讲孔孟老庄》青少年版，2020 年 6 月还用了 27 天一天三集一集 30 分钟几乎是一口气录完了 80 集的《红楼梦》讲解视频，从中可以看出您对中华传统文化的真心热爱。您关于中华文化的写作，从先秦开始一直到唐代，又跨越到清代，好像历史上大的文化脉络全部贯穿起来了，也是一种对传统文化的自觉传承，这种写作您是有意为之，还是一种兴之所至？抑或在历史文化与现实创作中找到一种特有的交替互融的书写方式？看得出您对这些与古典文化有关的写作都非常快乐。

王　蒙：是这样的。1979 年第四次文代会第三次作代会时，我在大会发言时已经提到我们的作家需要提高文化知识水平。作家不要求都是学者，因为作家和学者是两个路子，但是越来越非学者化真的是一个问题。您可以想想鲁、郭、茅、巴、老、曹，他们的教育程度、学历知识程度、对外语的掌握，对他们的写作产生了怎样的影响。我们都是知识分子，当然我们也有我们的优势，下过乡、扛过枪、种过地，参与过社会生活、政治生活、党的生活等等。但是我觉得一个作家要面对写作，学识还是必要的。我是爱学习的一个人，我就是一个学生。现在包括对外语，再难只要有机会我都愿意去学，但是严格的达标并没有做到。今天的学习范围更大了，特别是对于一个作家的学习而言，不能满足于光从网上看到的信息。

何向阳：还是要读书，要阅读。对一位作家而言，学习是多向度的，也几乎是无止境的。

王　蒙：现在从我们国家层面来说，党中央、政府对于学习的提倡不遗余力，我们说建设学习型政党，政协也在建设学习型组织，各单位

144

也都特别重视学习，个人也都注意增长自己的知识，说得夸张一点，这个重视程度是空前的。对于学习而言，我个人一直有这个爱好和愿望。

何向阳：记得 2000 年中国作家代表团出访印度，您是我们团长，在印度举办的中国电影节的开幕式上，您做了半小时的英语演讲，言及中国电影、中国文学、中国文化以及中、印文化间的学习与交流。语言表达在您来讲，很多时候都可以信手拈来。好像在语言方面，您有着过人的天赋。听说您 47 岁开始学习英语，每天要记忆的词汇量都是一定的。

王　蒙：其实我英语语言的能力还远远不过关。那次有个特殊的原因，就是中央电视台九频道当时找我做一个英语的关于中国作家和中国文学的对谈，后来我就被迫恶补，那会儿十几天天天在写中文的稿子，请中国翻译协会的领导黄友义先生帮我翻译成英文，我连那个重音都注上，一边查着字典，一边每天从早念到晚念了十几天，后来谈得还挺好。这也是我的一个乐趣，当然有显摆的成分。记得有一次，日中友好协会欢迎我带的一个代表团，我在欢迎活动上用日语致辞。在伊朗的一个对外文化活动上，我用波斯语讲了 15 分钟。后来 2010 年在哈佛大学举行中美作家主旨演讲，我是用英语讲的。2020 年底，在哈萨克斯坦驻华大使馆举行的艾克拜尔·米吉提翻译的《阿拜》首发式，我是用哈萨克文讲的话。在土耳其的安卡拉，我当时还当着文化部部长，在参加一个官方欢迎会时用土耳其语发言。我还访问过阿拉木图，在活动上讲哈萨克语。我可不是说这些都懂，好些都不懂，但是我把拼音写上，我说的那些语言都和我学习维吾尔语有关系，波斯语、哈萨克语、土耳其语，在莫斯科获得博士学位的时候也用俄语致过答词。我也算是有志于促进各民族与中外的文学语言相互亲近和理解。对不起，这有点中国式的说法，叫做"老要猖狂"了。

何向阳：语言的学习其实也是一位作家对别的国家、别的民族、不同文化、不同文明的尊重。语言最基础，也最根本，是文化的最小细胞。这方面的融汇贯通会带来不一样的视野。当然每一代作家都有他那一代的文化使命，从对您作品的阅读中一直获得这样一种强烈的感觉，就是您的叙述中有一种坚不可摧又游刃有余的文化自信，坚定与幽默共在的这种表达方式，令人阅读时能获得一种智慧的享受。

王　蒙：中国的文化传统有这么一个思路：期待圣贤。圣人是什么意思呢？首推孔子，他能够给人民教化，叫做"天不生仲尼，万古如长夜"，让大家知道人应该怎样、不应该怎样，这样才能安居乐业。孔子是最重视文化的，重视文学艺术，尤其是重视诗。他是《诗经》的责任编辑，而且他认为要从《诗经》看出世道人心，要培养人的精神上的格局。加上《孟子》，总体来说就是"怨而不怒、哀而不伤、乐而不淫"，或

者是"思无邪"。诗的作用一个是"不读诗，无
以言"，另一种是要通过读诗"多识鸟兽草木之
名"，他们把文学的责任讲得很清楚。历史文学
也是他编辑，包括孔子删改编辑《春秋》，其实
那个时候文学和历史是不分的。您看司马迁的
《史记》可以算历史记忆，但非常文学，很多篇
章都充满小说性，《鸿门宴》《霸王别姬》是写得
多好的小说。而且这种文化追求、文学追求，正
是权力的依据，我们所称颂的是"内圣外王"，
对于个人的修养来说，他是一个圣人，"外王"
就是他对社会所做的事情，取得了起码是带动、
影响、发展的作用。中国的传统文化又喜欢讲人
格，"格"和"境界"，不管是诗词也好，文章也
好，戏曲也好。中国还有一个说法，叫"不关风
化体，纵好也枉然"，风化也是对人的作用，就
是有利于树立好的社会风气，有利于树立或者推
动人民的教化、老百姓的教化，有利于推动社会
文明、政治文明、经济、生态方方面面的文明。

何向阳：中国一直有"文以载道"的传统。可以说中国历史上一代代的文学书写也多得益于这一传统。

王　蒙：对，文以载道，当然，我认为文学人、写作人，有些个人的一己的考虑，这也不足为奇。我开始写作的时候，看到富尔曼诺夫写《夏伯阳》的故事，他以日记的形式，说"成名的思想已经让我昏了头了，我现在激动得感到写出来以后非成名不可，我简直受不了了"，这样的个人化的想法也无可厚非。你有成名的思想，这也算不了什么，但这跟作品对社会的作用、对道德的启示、对风化的启示，与作家真正的内心世界，是没办法比的。这是一种作家人格，所谓责任心，是对中国文化的责任，对有利于社会、有利于风化、有利于发展的责任。

何向阳：十分辩证。您刚才提到"人格"一词，我非常感兴趣。这也是一个作家在创作中必然会遭遇也必须要解决的问题。可惜的是这一问题尚未引起理论界的更多关注。我 2011 年出版的《人格论》里曾试图谈论这个问题。人格，当然从学术上讲是一个"拿来"的概念，中国古代文化思想中虽没有提出"人格"这个明确的概念，但一以贯之的文化对于人的内在修为一直是有其要求和指向的。以中国倾向于形象描述而不擅长定义的习惯，明代思想家胡敬斋在其文集中曾有这样对"圣人"境界的比喻，"屹乎若太山之高，浩乎若沧溟之深，纬乎若日星之炳"，相对于"万世之师"的圣人，"君子"由其现实性所获得的群体性几千年来超越了单一的历史或单独的学派，作为一种理想人格典范，推动着中国文化思想的发展。从这个角度讲，它树立了一种做人的标准，同时也是我们在经验世界里的重要参照，它的几乎无所不在显示了中国文化的强大，我们的人格存在，是对于这一文化事实的提取和发展，所以人格于我们而言是"活"的，它是敞开的，带有强烈的实践性，人是"人格"的一个

"半成品"，而"成人"，则显示了人格的不断调适而臻于完善的过程。这样看，文化传统、社会环境以及个人经历铸就作家人格，而作家在自己的作品中塑造文学形象及人格精神，经过作家铸造的文化人格又进一步影响和铸造着成千上万一代代读者的社会人格。所以人格无小事，作家的"立言"，从大的方面来讲也是"立人"。作家的人格——作为"灵魂工程师"的灵魂，对于社会心理、文化演进负有责任，它直接参与了人类精神的创造和提升。在您的作品中，我刚才讲到了趋光性，还有就是向善性，您的小说的人物身上——无论是知识分子，还是普通劳动者，无论他们在生活中遭遇了什么样的困难，都有一种将事情向好处想的乐观和豁达，也可以说是不屈服于命运的自信，在任何命运给出的戏本中，他们都能以最真实的面目、最善良的本质对待生活。这也是一种很了不起的"君子人格"。文学的书写其实是把自己的心交给读者、交给社会、交给文化漫长的历程，所以作为主体的人的"心"特别重要。这里当然也有一个表达的问题。在社会的发展进程当中，每一个时代都存在一个艺术表达的尺度问题，您怎么看待这个问题？

王　蒙：古今中外甭管是说起哪个著名的人的作品，您脑子里都会出现作者的形象，他对人民有着深切的爱恋。比如说李白，你能想象他大概是什么样的，但是又没法很具体，杜甫跟李白就不一样，曹雪芹跟李白、杜甫也不一样，吴敬梓又跟曹雪芹、李白、杜甫、屈原不同，屈原有另外一股劲，屈原的责任感太强了，因为他是三闾大夫，不是一般人，他对楚国的责任始终在那里，所以在这方面他会有所选择，但更重要的还是对生活的深刻的理解，对老百姓、对人民的这种深切的爱。

我最近在看电视剧《装台》，这个电视剧由陈彦的小说改编，这部作品还被评为当年的中国好书。陈彦写了很多生活中的老百姓、小人物，有好人，也有无知的、不讲理的、坑害老百姓的人，像铁主任就专门坑害装台的工人，装台的工人很可怜，要编制没编制，要合同也没有合同，家庭教育也有很多问题。一些人的婚恋也有遗憾，都离真正的爱情和互助有很大差距，甚至都不完全符合《婚姻法》，这其中刁顺子的闺女也是很让人受不了。另外，它恰恰写出了在中国社会物质和精神水准相对低一点的群体中，甚至在半文盲、文盲式的人物里面，仍然有中国传统文化、中国民间文化的一些美好品质在起作用。比如责任、敬业、团结、互助、与人为善。这个作品受到了观众的热烈欢迎，收视率非常高，就是因为其中可以看见老百姓的生活，作家是以人民为中心的，这个电视剧之所以取得成功，我觉得关键就是它跟那种概念化的戏剧不一样，它让你感觉到非常强的生活质感，内容驳杂，杂而不乱，方言、饮食、戏剧、生活琐屑，一应俱全。里面的爱情不是知识分子的爱情，不是干部的爱情，也不完全是过去那种老农民的爱情，也不能说是商业性的爱情，你看刁菊花那个人，脾气再坏但有自己的尊严和气节——你越有钱我越给你拿搪，有钱有什么了不起的？

如果你对生活有着真情实感有深切体验，你对人民有大爱，写起来就得心应手，既不发生尺度的问题也不会发生文思枯竭的问题，怎么写怎么对。你要有生活，有爱心，有充足的经验，才能不显出捉襟见肘。我觉得，咱们都应该琢磨琢磨《装台》，这对于咱们树立写作的信心、文学的信心、语言的信心有裨益。电视剧再调整改编，毕竟也是跟文字有关系的，所以文学仍然是基础，是艺术的母本。比如您要听一个音乐，听一部交响乐，怕大家听不懂，先每人发一则说明书，那等于用文学来解释，所以从事文学的人是有重要的责任的，在自身之外还要给整个文艺创作提供各种各样的脚本和参考。

何向阳：的确如此。作家不但要有代际传承的文化责任，也同时要有对于同时代其他艺术门类创作思想引领的一份文化责任。就是说，在我们的文化与时代中，对于作家的要求其实是很高的。说到代际方面的文化责任，这也是一种作家必须承担的历史使命。一部作品的诞生有时也不只是作家单独一个人的事，尤其在一位青年作家的成长期。您在多个场合讲到过一些老作家对您创作最初的帮助，比如您提到过 1955 年，在中国作协青年工作委员会的萧殷同志，给您开介绍信，为您提供了半年的创作假。中国作协 2020年年初又重新恢复成立了青年工作委员会，办事机构设在创作研究部，中国作协青年工作委员会今年在抗击新冠肺炎疫情任务很重的情况下仍然坚持围绕作协中心工作和重点工作，协调、组织作协各业务部门和社会力量开展面向青年作家和读者的文学活动，先后在广西、西藏召开青年作家创作会议，团结、凝聚青年作家包括新文学群体的力量，发挥他们在文学创作中的巨大潜力。

推动更新一代人的创作，也是已经取得成就的每一位作家的责任。作为"人民艺术家"，您于2020年捐赠款项，在中华文学基金会设立了王蒙青年文学专项基金，用于奖掖40岁以下的青年作家的创作，做出这样的决定和举措您是基于什么样的考虑？

王　蒙：因为我必须面对现实，我已经86岁零3个月了，和《青春万岁》那本书里不同，我已经耄耋之年而且走向鲐背之年了，而文学的希望、文化的希望在青年身上。毛泽东主席曾经说过，"世界是我们的，也是你们的"，我还想说，"世界是我们的，也是你们的，归根结底，是他们的"，是比你们和我们更年轻的一代。

我从来不轻视网络文学作品，我有时候看网上的一些小说，一类是小资类型的，还可以；一类是知识型的也挺好，比如《明朝那些事儿》还是一位高级领导介绍给我的，把书寄给我了。另外我也看到了网上有一些相当穷极无聊的、低俗的作品，每当看到这些的时候我就觉得我们的一些文学青年的创作偏弱，青年作者、青年作家、青年诗人、青年演员、青年编辑的队伍还可以增强，我希望在我日渐老去的日子里同时也能够表示出自己的一份心愿，就是希望我们国家有更多的文学业绩更多的文学瑰宝。

新中国成立已经 70 多年了，我们可以想一想，1919 年五四运动到 1949 年新中国成立，这中间经历了 30 年，这 30 年间有鲁、郭、茅、巴、老、曹，有胡适、徐志摩、张爱玲，当然还有丁玲、艾青、赵树理、欧阳山等等革命的文学家。那我们呢？我们也要给子孙后代、给历史留下文学经典和文学的业绩。英国人有个说法很惊人，"英国可以没有英伦三岛，不能没有莎士比亚"，实际上英伦三岛不能没有啊，要是这没有了他们就没有国土了，这个说得比较夸张，但是说出狠劲儿来了。文学的责任是"狠"的责任，是对子孙后代的责任，是对历史的责任，是对中华民族

2017 年 8 月 15 日，王蒙在《人民日报》上发表《旧邦维新的文化自信》一文

的责任，我们的文学完全应该有更好的经典，更辉煌的经典，更对得起未来的经典作品。

何向阳：记得 2017 年 8 月 15 日您发表于《人民日报》的《旧邦维新的文化自信》一文中，讲到一次在开封清明上河园听以辛弃疾《青玉案·元夕》为歌词的合唱，"东风夜放花千树。更吹落，星如雨。宝马雕车香满路。凤箫声动，玉壶光转，一夜鱼龙舞。"您说您感动得热泪盈眶，并在文中称，"哪怕仅仅为了欣赏辛弃疾的诗词，下一辈子，下下辈子，仍然要做中国人。"足见您对中华文化的深爱。前不久，党的十九届五中全会通过了《中共中央关于制定国民经济和社会发展第十四个五年规划和二〇三五年远景目标的建议》，提出到 2035 年建成社会主义文化强国，强调要把文化建设放在全局工作的突出位置，把文化建设提升到一个新的历史高度。您认为文学在满足人民文化需求、增强人民精神力量方面应发挥什么样的作用？您对 2035 年有什么愿景和期待？

王　蒙：这个问题很有意思，《人民日报》还约我写了一篇短语，150 字的对新的征程中建设文化强国的一些想法。新中国成立 70 多年来，改革开放 40 多年来，中国共产党马上迎来建党 100 周年，中国的发展变化，包括个人的精神生活、私人生活、家庭生活轨迹，其中有很多故事很多事情还远远没有在文学作品中体现出来。当我们概括一个时期或者一个阶段的历史任务的时候，我们抓的往往是"纲领"荦荦大端，但是文学恰恰是以小见大，在表现春天的时候还要把枝枝叶叶、点点滴滴、花蕊花瓣蛀虫都表现出来，而这个生活之丰富是历史上非常少见的。有获得就有失落，这很简单。我从 1991 年开始就用电脑了，最早是从"286"开始，可是回过头再想起用蘸水钢笔写作的年代，也很有意思，我开始写《青春万岁》的时候，不知道为什么非得用蘸水钢笔写，用英雄牌的自来水笔都写不出来，更早些时候鲁迅是用毛笔写的，茅盾是用毛笔写，管桦是用毛笔写的，起码人家都留下了很多的手稿，现在都没手稿了，所以我觉得各种事情应该有历史感。手机给咱们提供的便捷、快乐真是不可想象，现在我们都是"无一日不可无手机"甚至"每小时不可无手机"，进一个饭馆，先想知道的不是菜谱，而是 WIFI 密码。可是反过来说，现在有多少人沉浸在手机、沉浸在浏览里，而深度的阅读反倒不如过去了。我经常在报纸上看到，现在全世界的统计中国人的阅读量不在前列，没有以色列、韩国、意大利、法国人阅读量多，这也是个大问题。我们对文化的期待、对文学的期待，离彻底落实贯彻下来还有很大的距离，还需要艰苦奋斗，还得苦干，我们对语言文字的运用，对生活的理解、表现和把握，对历史的理解和认知，这里面的学问还大着呢，活儿还重得多，其间既有迅速的发展，又有对古老传统的继承。就像咱们刚才说到的《装台》，其中既有中国文化的老老实实、本分、耐性、忍辱负重，也有不断追求新的标准、新的方式、对艺术的把握，就连刁顺子时间长了也有点艺术细胞了。人的快乐、困惑、收获、失落、艰难、喜悦都是交织在一起的。我们对这些的感悟，对于建设文化强国的理解还需要深化、研究和部署，这确实是一个大学问，而且也是一个责任如山的任务。

何向阳：谢谢您王蒙老师。祝您新年快乐！期望新的一年读到您更新更多的作品，也期望您健康长寿幸福。等到 2035 年，您 101 岁时，希望我们还在一起畅谈文学、畅谈未来。

王　蒙：谢谢。悄悄告诉您一句，有位老朋友前些日子来看我，对我的要求是，一定要活到 2049 年，也就是中华人民共和国成立 100 周年。我还差远啦。谢谢朋友们的祝愿。新年好！谢谢！

向时代和人心喊话①

人心可用，世道可忧，传统可取

记者：伟大时代孕育伟大文化。您始终强调从传统文化中挖掘精神资源，对于传统文化，究竟应该如何去其糟粕、取其精华？文化建设究竟应该如何与中华民族伟大复兴相适应？

王蒙：党中央从未像现在这样谈文化这么多、这么广泛、这么重要。中国太丰富了，有辉煌的古代，有近现代的尴尬和焦虑，有从危难的应对中出现的新的生命力。尤其是改革开放之

---

① 本文刊载于《中国纪检监察》杂志 2021 年第 3 期，记者曹雅丽采访整理。

后，急剧变化的中国在各个领域突飞猛进，既有辉煌的业绩，也有新的挑战与课题。中华文化经受了空前反思、冲击、自信、丰富与更新。经济的快速发展大大改善了生活质量，但急剧的新旧交替、中西杂糅，鱼龙混杂、泥沙俱下，也使文化生活、精神走向、价值观念时而出现困扰与失范、歧义与紧张。

全球化与现代化，冲击着生产方式、生活方式、语言方式、风俗习惯和民族传统。有些无疑是应该接受的，有些则是我们不能照搬却又必须面对的。比如，宣扬功利主义、犬儒主义，冲击着价值追求和文化思潮；工业化的方式加持新媒体后，批量生产的消费文化，冲击着主流与传统；迅捷的网络信息，人云亦云的平庸思维，冲击着独立深入的阅读与思考。市场经济在更好地配置资源的同时，也使文化领域染上了拜金、浅薄、媚俗的风气，一些优秀的文化成果淹没在大量平庸低俗、自我炒作的次品当中。

记者：在急功近利、浮躁的氛围下，社会上、虚拟空间中出现了一些损伤严肃文化与高尚思想的低俗甚至丑陋的内容。价值观念、社会风尚，都通过现实与网络表现出了异质的多样元素。您曾经批评过，有些低俗的、无聊的、垃圾的东西，却以票房、印数、收视率、饭圈、流量的形式，得到市场和舆论场的正向鼓励。透过现象看本质，如何看待这些现象背后折射出的文化逻辑？

王蒙：几千年来，传统文化涵养着、凝聚着亿万中华儿女，历久不衰，饱经忧患，深入人心。自强不息、与时俱进、仁者爱人、推己及人……这些精神都与现代性相通，也考验、培育了中华文化的开放性与消化能力、应变性与抗逆能力、自省性与自我调整能力。

面对文化盘子越来越大、越来越多样的思想文化格局，我们在传统与现代、大众与高端、民族与世界、教化与娱乐、主导与多样、经典

王蒙和小读者在一起

与时尚、争鸣与共鸣等一系列关系上，要有更加全面与均衡的思路和安排。文化精神的特点在于它的长期积淀、深入人心，不能急于求成。由现象而本质，由历史而现状，才会认识得更加长远与深刻。我们应该因势利导，提倡更深入通透的学习，倡导对精神高峰的攀登、服膺真理的至诚，提高整个民族的认识能力、学习能力和自我完善能力，避免浮躁、肤浅、极端，不能任凭旁观起哄乃至幸灾乐祸成为舆论风气、网络风气。全社会应从系统上、根源上解决文化中的"劣币驱逐良币"问题，在习近平新时代中国特色社会主义思想的指导下作更全面的顶层设计和战略考量。

记者：早在 1983 年您就提出，让每个人都有道德主体意识，使之成为稳定无形而强大的精神支柱，不仅仅是为了文学，更要重视世道人心。您还说过，"礼失求诸野"，中国传统文化积淀仍然根深蒂固，迅猛的发展中人心有摇摆与浮动，有困惑与怀疑，也有认真思考的真知灼见，要坚持我们的民族传统与社会主义现代化方向，进行创造性的转变与发展强化。您认为如何更好地将优良传统文化融入人心，使其引领时代？

王蒙：要向人心喊话，把优良传统文化贴近、融入人心，才能使其引领时代。真正的文化自信拒绝大言空洞、夸大其词、巧言令色、形式主义；真正的文化自信具备抵制低俗化、浅薄化、哄闹化、片面化、狭隘化的能力和定力。现在的中国文化又重新活起来了，热起来了。实践证明，中国文化显示了自己的再生能力，显示出自己完全能够与时俱进，完全能够跟得上现代化、全球化的步伐，同时又保持自己文化的性格、特色、身份、魅力。这让我们对中国文化充满了信心和自豪。

发展中的文化引领

记者：党的十八大以来，党风廉政建设和反腐败斗争取得了历史性成就，但形势依然严峻复杂，腐败这个党执政的最大风险仍然存在。人要懂得节制自己的欲望，您如何看待文化引领的力量？

王蒙：时代在变，观念在变，生活方式在变，舆论在变。新媒体给了更多的人向社会发言的机会，可以说是扩大的文化民主，同时也给低级趣味言论次品提供了前所未有的平台。一代又一代的青年成长起来，80后、90后、00后，转眼就登上历史的舞台。但是，无论社会怎么变化，有限资源与无限欲望之间的矛盾不会变。旧形式的欲望继续滋生尚未克制，新的欲望又层出不穷。

人有上进心，想当官、想致富，并不特别寒碜，但它毕竟需要文化节制，需要提升境界，需要文明化与礼义化。过去、现在和将来，对于那些粗俗的，不知羞耻的，肆无忌惮的，只考虑一己的满足而不考虑对公众的责任与自律的功利主义说法，我们应该有所否定与规避。

中国的政治不是多元制衡的传统，中国的这种制衡往往表现在纵轴上、实践上，往往表现为"三十年河东，三十年河西"。而中国的政治道德与政治艺术，很大程度上表现为中庸之道，准确正常，留有余地。几千年的历史中，传统文化强调圣贤文化、道统文统以及忠良臣子与士大夫坚持正义的作用。中国的权力系统，能够为所欲为、一意孤行、不计后果的也是少数，因为它们多数会受到道统文统、圣贤文化、满朝文武与民间舆论的制约至少是影响。你读黄仁宇的《万历十五年》、卜键的《明世宗传》与《国之大臣》，就会明白文化的力量。

记者：习近平总书记强调，要始终保持"赶考"的清醒，保持对"腐蚀"、"围猎"的警觉。您也曾说过，权力孕育危险，一些格调不高的人包围上司，侍候、歌颂、表忠心，有的很难一概拒之于千里之外。是否可以这样理解，被包围的另一面其实是自身变质劣化的开始?

王蒙：是的。我们这个社会，官员仍然是一个被人仰视的角色，官员这个身份也容易得到尊敬，一升官，好像原来一米七的个子霎时间变成了一米八五，你的一言一行、一怒一笑都增加了内容与影响。我们须臾也不能丢的是服务人民的底线。掌权是为人民，执政为民，用权为民，辛苦为民。个人的得失可能有所考虑，但任何时候都要竭尽全力地为民兴利、为民除害，任何时候，宁可自己受损，绝对不做损害人民利益的事情。政治仍然是伟大的事业，有仁人的爱心，有志士的奉献，有智慧也有哲学，有激情也有战略。小头小脸的庸人当然不可能体会到历史主导的郑重与宏伟，他们只能用最卑劣的眼神来偷窥历史中的不经八卦，再一知半解地曲解政治生活。我们的关注应该是把政治的人民性、大众性与政治文化的理想性与精英性结合起来。

　　王蒙著：《这边风景》，第九届茅盾文学奖获奖作品。小说以新疆农村为背景，以维护祖国统一、民族团结为主题，从公社粮食盗窃案入笔，描绘了一幅多民族共同生活的画卷，表达了对生活和梦想的热情礼赞

千秋伟业恰百年风华

记者：2020 年疫情，像一辆邪恶列车，直对着庚子春节冲撞而来，至今仍未完全消退。大多数国家疫情依然严峻，我国克服疫情影响，统筹疫情防控和经济社会发展取得重大成果，交出了一份高分"答卷"。您认为我们交出这份高分"答卷"的根本原因是什么？

王蒙：2020 年疫情，本来是严峻的灾难。习近平总书记说，抗疫是"一次大考"，说得太好了。我们处在新的复杂多变的时代，这次疫情是对领导力量的大考，也是对中国人民的大考；是先在中国举行的大考，继而是对万国万民的大考。我们的答卷决定着我们的命运，也影响着人类共同体的命运。

这次疫情告诉我们，本土的境外的各种病毒与疫情还可能会时而出现，战疫正未有穷期。疫情之下，世界各国面临的是同一张"考卷"，中国的确是交出了一份高分"答卷"，2020年，中国成为全球唯一实现经济正增长的主要经济体，这充分彰显了党的领导和中国特色社会主义制度的显著优势。大家业、大发展、大格局、大事件，我们的初心、我们的根本在于为人民服务。毛主席说过：只有代表群众，才能教育群众。抗疫使我们每一个人切身感受到了中国特色社会主义制度的优越性。我们的文化传统、革命传统里，从来就有战斗精神和奉献精神，团结协作、众志成城、一呼百应。毕竟我们是多灾多难的民族，中国共产党是苦难辉煌的党，中华人民共和国是在铁与火的战斗中建立起来的社会主义国家，我们走过的每一步，都不是轻易的。党中央下了决心，作了部署，我们就能够化被动为主动，化危为机，取得战疫的有目共睹的成绩。

记者：前不久，习近平总书记在中央纪委五次全会上深刻指出，广大人民群众深切感受到，风雨袭来时，党的坚强领导、党中央的权威是最坚实的靠山。今年是中国共产党百年华诞，作为一名老党员，您是怎样的心情？

王蒙：我感到骄傲、自豪。我们党是一个强大的党，是一个战斗的党，是一个严密的党，是一个艰苦奋斗、历尽艰险、联系群众、一呼百应、成员众多、长期执政、经验丰富、既有实力又富有智慧的党。全世界再没有第二个可以匹敌、可以相提并论的这样的党。正是因为有了这样坚实的靠山，我们的党和国家才能无往而不胜，带领人民抵达中华民族伟大复兴的理想彼岸。今年是中国共产党百年华诞，相信我们党一定能永葆先进性和纯洁性、永葆生机活力，一定能提交伟大的百年答卷。

我的二〇二〇年

王　蒙

一、春节假期前一天，疫情消息吃紧，当晚已经交付订金的家人聚餐怎么办，我来回改来改去，变了六次，最后排队打包，拿到家里，缩小一半规模，相对冷清地吃了年夜饭。

二、大大减少了社会活动，将八万字的中篇小说《笑的风》扩充为十余万字的长篇，在作家出版社出版。

三、三月份人民文学出版社出版了《王蒙文集》五十卷版。又出版了《王蒙讲孔孟老庄》青少年版。

四、六月份录制《红楼梦》讲解视频八十集，每集三十分钟，每天录三集，二十七天一鼓作气录完。

五、与家人在微信群中每晚唱歌交流，增加无直接接触的相互鼓舞。

六、在《光明日报》上发表《二〇二〇的春天》一文。

七、夏天在作协的北戴河创作之家写小说《夏天的奇遇》等。

八、10月23日广西师范大学出版社举办"王蒙漓江之夜"活动，我偏偏由于月初去过发生新疫情的青岛，不能参与，录了视频与前往桂林的文友交流，被戏称为后疫情时代的行为艺术。

九、基本完成了历时四年的有关荀子的写作。

十、与近七十年前为《青春万岁》画插图的老画家张文新先生见面，作诗四首，发表在《新民晚报》"夜光杯"上。并与人民文学出版社策划好出版《青春万岁》插图版事宜。

十一、出席 11 月初老家南皮县的拙作插图展活动，为家乡的迅猛发展而感动，写下《老城新风记》小文，发表在《人民日报》副刊上。

十二、2019 年，因感到体质转弱，将每天走步数标准自日八千步降到七千步，又降到六千步。经调养与减少其他活动后，又恢复提高到日行近万步的水平了。

十三、捐赠款项，在中华文学基金会建立了王蒙青年文学专项基金。

十四、视力听力显著下降，慢慢来吧。

附录二

二〇二〇的春天[①]

王　蒙

病毒迎面而来

二〇二〇年一月十四日与几个老友聚会，听到了武汉可能出现流行病的消息，朋友说已有专家建议采取严格的隔离措施。我想，这得多大的代价？多大的影响？不免忧心忡忡，但愿不会闹大。

九天后，二十三日，春节假期前一天，得

———————————

① 本文原载 2020 年 4 月 8 日的《光明日报》。

知了武汉前所未有地控制进出交通的决定，完全可以想象作出这个决定会有多么艰难，明白了严重性，预计将有一系列重大严肃的部署。又总是想着，即使是劫难，终将在有力的措施下平安度过，不能紧张，不能慌乱，天塌不下来。这一天本来晚上预订了与家人在餐馆餐聚，去，不去？全家人参与意见来回变了六次，最后改为取饭回家与部分家庭成员享用，算是迎接春节。我自觉态度还算淡定，但仍觉此次疫病，像一辆邪恶列车，直对着庚子春节冲撞而来。

有道是："对于灾祸，第一是要承认，第二是不怕，第三是要战胜它。""承认"云云，曾觉得是废话，灾祸有什么承认不承认的呢？现在终于明白了：这确实是个问题。须要承认，须要面对，须要正视！准备最坏的，争取最好的。这就叫实事求是。时事多艰，不能不丢掉侥幸心理。

大疫情大部署

面对疫情，迎战开始了。我们的文化传统、革命传统里，从来就有的战斗精神，团结协作、众志成城、一呼百应，随之激发。毕竟我们是多灾多难的民族，中国共产党是苦难辉煌的党，中华人民共和国是在铁与火的战斗中建立起来的社会主义国家，我们走过的每一步，都不是轻易的。中央下了决心，作了部署，我们就会像革命战争中那样，调动起人民力量，进行总体战、阻击战、围歼战、遭遇战、肉搏战，而且是科学迎战、行业迎战，全国一盘棋迎战，集中优势兵力谋求绝对优势，咬紧牙关，排除万难，不怕付出代价，一定要达到共克时艰、转危为安的目标。

宅在家里的这段日子里，除天天看疫情报告，看电视新闻与各项决策以外，又正好认真看了一遍CCTV4播放的电视剧《解放》。我看到在解放战争时一些大战役大布局过程中，党中央领导层磋商乃至于不同意见的交换，看到了在某些战役前的顾虑与选择；而人民解放军最终总是棋高一招、抢先一步，等到冲锋号吹响，我们集中三四倍于敌的力量，压倒敌人而不是被敌人所压倒。我为之赞叹，也更理解了大变局中的大运筹、大部署。

人民战争是我们的看家本领

到湖北去，到武汉去。抗疫开始，首先是各路医护人员，他们以尖兵出击的献身精神，冲在了最前面。他们是真正的白衣战士，冒着被感染的危险，近距离面对面地展开分秒必争的营救，从死神魔掌下夺回一条条生命。他们穿的防护服装，让人想起防化兵装备，这分明是人类与新型病毒展开的现代化战争。他们的勇敢令人肃然起敬。

当我们看到各地援鄂的医护人员回家时受到英雄般欢迎的时候，不能不想起抗疫拼搏中付出了生命与健康代价的医务工作者，想起了病殁同胞与他们的亲人。死生大矣，岂不痛哉！先天下之忧而忧，后天下之乐而乐。我们沉重地、小心翼翼地珍藏着对他们的纪念与哀思，思考着应尽的责任，顾念着仍在病榻上的重症患者们。

在白衣天使身后，是全中国人民。他们中有忙碌的志愿者，有穿梭的快递小哥，有较真儿的检疫人员，有交通要道上奔驰的司机，有严格的公安干警，有不厌其烦的社区工作人员，有每日运送大量医疗垃圾的保洁员，还有深入 ICU 采访的新闻工作者……尤其要向解放军致敬，子弟兵从来是我们的保护神。还要向那些医学专家道一声"辛苦"，你们以专业精神和不倦的调研，发挥了专业建言、引领普及的领军作用。

这是一场人民战争！是上上下下团结一心互相支援互为后盾的人民战争！

我们这些别无选择的宅家的众生，心系武汉，心心相印，时时牵挂。我们为火神雷神的

"显灵"而鼓舞，为每一个出院的病人高兴，为
每一句温暖的话语而动情，为医患的共同奋斗而
欣慰。我们在思考：我们的人民是多么可爱的人
民，他们人性中的善良是多么真诚。对于医患关
系、警民关系、干群关系，如何引导使之更加
和谐；如何奖励褒扬以正祛邪；如何激发人们相
互温暖、相互理解、相互支持的意愿；如何改变
与消除戾气、化消极因素为积极因素；如何化解
社会风气痼疾与多种纠纷；如何建立更加健康的
人与人之间的关系；如何使全体人民更加团结起
来，见贤思齐，向各行各业的专家学习，向勤奋
的劳动者学习。

我们看到引领的力量、动员的力量、爱心的
力量，我们看到了人性的可塑造可教化，看到人
民坚毅负重、顾全大局。民为邦本、人心可用。
我们也看到了科学的力量，医药学的力量，中医
药学的力量，心理关怀的力量，各行各业的力
量，舆论的力量。钟南山等专家频频出镜，防疫

184

卫生知识空前普及、措施到位雷厉风行……这些，正是党的领导的力量，社会主义中国的力量。人民是中心，疫情是命令，防控是责任，我们经受住了考验，我们还必须迎接更多的考验。生于忧患，死于安乐，这是中华民族伟大复兴的应有之义。

以百姓之心为心

大家业、大发展、大格局、大事件，当然有各种声音。我们听到了万众响应的朗声呼喊，我们看到了严格防控的行动力量，我们收到了来自外界的各种赞扬，我们歌唱着各条战线先进人物的模范事迹。

同时也听到了多种多样的声音，需要我们了解与参考，警醒与注意。其中有困惑与忧疑，见解与角度，宏论与争议；还有诚恳的但不可能都是精当的出谋划策；也有信口开河，有磨磨唧唧。当然还有起哄与假新闻，有性急的吹嘘和居心叵测的谣言。

我们的初心，我们的根本在于为人民服务。发展迅速，成绩卓著，但显露一些短板，遇到各种考验，听到各种兴观群怨，实属必然。尤其在面临新的挑战的时候，我们需要更多的信心更多的担当，更多的包容更多的耐心，更有力的决断和更紧密与群众的联系。毛主席有名言：只有代表群众，才能教育群众。这个春天的抗疫，使我们看到了中国特色社会主义制度的优越性，也显现出我们治理体系和治理能力的短板。但是只要"以百姓之心为心"，及时"反省""自省"，短板可以补齐，教训可以汲取，困难可以克服，消极可以化解。经过抗疫的锤炼，我们的地方官员与行业官员，独当一面敢于担当的精神、处理突发事件与危机公关能力，应该得到提升；我们的医疗体系与预警体系，应该更加缜密完善；我们的信息传播、舆论引领，可以更加切近贴心、入理入情，亲和周密。"得民心者得天下"，各行各业，东南西北，没有最好，只能更好。可以慰国人，可以安天下。

免疫力

通过这个春季的特殊生活方式，我迷上了、爱上了，深深钟情了一个词："免疫力"。

免疫力，是指人的自身识别和排除的机制，说得通俗一点儿，就是立于不败之地的能力。免疫力是需要自身锻炼的，也是可以通过外界的有效干预和补充而加强的。疫情中幸而未中招的大多数人，能指望的首先是免疫力三个字。

个人和社会都需要免疫力。抗疫是公共卫生领域的斗争，流行病来势凶猛而且牵涉面大，病原体复杂而且万分紧急，在这种困难时期，共同面对才是硬道理，不能添堵，不能添晦气，更不可唱衰自衰。成见和偏见、咋呼与幻想都只能坏事。怎样面对人类共同的灾疫与意外，这是很好的人生功课，是三观功课也是心理功课。珍惜前人的付出，感恩前方的辛苦，充实自我，不敢萎靡消沉，不可轻浮失重，拒绝上当，不钻圈套，不落陷阱，我们应该追求正面与有定力的生活态度。

宅家的俩月很充实。我观看新闻，时时关心一线抗疫与国计民生，为每一步的艰难进展而欢欣鼓舞。我与武汉抗疫小朋友阿念互致问候，我发起了每天晚上在家庭群中的微信歌会，我完成了一部长篇小说新作，我继续着两年前开始的《荀子》研读笔记。我读书读刊读报，谨防新冠病毒与心理病毒的入侵。逆境中静下心来，清醒反思，降温降调，追求身心健康，以期国泰民安。

大考的启示

习近平总书记说，抗疫是"一次大考"，说得太好了。我们处在新的复杂多变的时代，这次疫情是对领导力量的大考，也是对中国人民的大考；是先在中国举行的大考，继而是对万国万民的大考。病毒不仅瞄着我们的喉头与肺部，而且不无阻挡国家经济发展、阻挡共赢"一带一路"的势头，我们的答卷决定着我们的命运，也影响着人类共同体的命运。

这次疫情告诉我们，各种本土的境外的生物的精神的心理的文化的经济的病毒与疫情还可能会出现，战疫正未有穷期。前进的道路上还有一场又一场考试，大考不断，中考连连，小考时时刻刻。不能松懈，不能自吹自擂，更不能在风言风语中迷失。

人民是考官，实践是考官。自我考量与自我审视，对照考量与对照审视，从灾难中我们学到了比平时更多的东西，有经验也有教训，有自信也有反省。中国人早就知道："多难以固其国""君子以自强不息"，这样的大考，只是前进道路上的八十一难之一。要立于不败之地，一是永不言败，二是不轻言胜，三是总结经验以利再战。

我们终于迎来了阶段性的胜利成果，湖北解封、武汉解封，桃红柳绿，我们交出了好的答卷。但全球疫情正呈蔓延之势，严峻复杂，给世界政治经济大变局又增添了变数。不能松懈，不能疲惫，不能忘乎所以。在抗疫的同时，我们还有远非轻易的脱贫攻坚任务、更加长远的经济社会发展任务，事比天大。

大考来了，大考还没有结束！我们学习了，我们还在学而时习之！二〇二〇之春的经验教训与启示，已经或正在成为财富。迎接新的大考，我们准备好了！

仿古风赠王蒙同志

李书磊

（二〇二〇年十月十五日）

贺君八十六，身健如壮年。
羡君有童心，一笑似童顽。
赞君文章老，且老且新鲜，
无限意识流，隐约有主线。
喜君文字好，久炼浑天然，
字词皆入骨，出语惊容颜。
叹君文杂色，迷人迷人眼，
赤橙黄绿紫，绚烂复斑斓。

念君为少共，青春曾点燃，
征途致布礼，至今动心弦。
人无革命史，此生何足观。
惜君历坎坷，坎坷今笑看，
天意君须会，伟人出艰难。
幸君曾西行，西行多圣贤，
纪昀林则徐，玄奘追法显；
涉过无名水，踏上不到山，
风物开眼量，边塞壮情感，
人生战焉支，运命破楼兰。

忆我少年时，君得风气先，
夜半读君书，击节又拍案。
学问从君后，颇幸同世缘。
河山亦同庆，国有笔如椽。

注：2020 年 10 月 15 日是王蒙先生 86 华诞，李书磊

192

特赋此诗赠王蒙。李书磊，现任中共中央党校（国家行政学院）分管日常工作的副校（院）长。

王蒙二〇二〇年大事辑要

张　彬

一、写作与发表出版情况

（一）著作：

1.《页页情书》，广西师范大学出版社，2020年3月。

2.《笑的风》，作家出版社有限公司，2020年4月。

3.《王蒙讲孔孟老庄》，天地出版社，2020年4月。

4.《人生即燃烧》，江苏凤凰文艺出版社，

2020 年 5 月。

5.《王蒙文学回忆录》，广东人民出版社，2020 年 10 月。

（二）期刊文章：

1.《笑的风》，《小说月报》2020 年第 3 期。

2.《夏天的奇遇》，《人民文学》2020 年第 10 期。

3.《关注新疆》，《世纪》2020 年第 12 期。

（三）报纸文章：

1.《二〇二〇的春天》，《光明日报》2020 年 4 月 8 日。

2.《小说的黄金年代》，《文艺报》2020 年 7 月 8 日。

3.《与画家张文新相会》，《新民晚报》2020 年 9 月 23 日。

4.《中国文化的特色与生命力》，《文艺报》

2020 年 10 月 19 日;《人民政协报》2020 年 10 月 12 日。

5.《文学是不会消亡的》,《解放日报》2020 年 11 月 13 日。

6.《老城新风记南皮》,《人民日报》2020 年 12 月 2 日。

7.《二〇二〇年盘点》,《新民晚报》2020 年 12 月 25 日。

二、讲座情况

1 月，应北京曹雪芹学会和国家博物馆邀请讲述《红楼梦》。

5 月，分别应人民日报社、作业帮教育科技 (北京) 有限公司邀请讲述 "爱读，还要会读"。

6 月，应喜马拉雅公司邀请，录制《王蒙讲述〈红楼梦〉》80 回视频。

9 月,应名家大讲堂邀请参加 "让文学留住时光，做高龄少年" 对话；应黑龙江省政协、原新闻出版广电总局副局长阎晓宏、"格局屏天下"邀请做以"中华文化：特色与生命力"为主题讲座 3 次。

10 月，应中国海洋大学邀请做以"永远的文学"为主题的讲座。

11 月，应长沙市望城区委邀请做以"文字、文学与文化"主题的讲座；应广州文旅大讲堂邀请做以"中华文化：特色与生命力"为主题的讲座；应华南师范大学附属中学邀请做以"青春万岁"为主题的讲座；应黄埔书院邀请做"文学与阅读"为主题的讲座。

12 月，应中国科学院大学邀请做以"红楼梦的散点透视"为主题的讲座。

三、应全国政协、国际儒学联合会、文化和旅游部、中国作协等邀请出席各类公益活动和社会活动

1 月，应中国文联邀请出席"百花迎春——

中国文学艺术界 2020 春节大联欢"；应人民文学出版社邀请出席《王蒙文集》（新版）发布会；应文化和旅游部邀请出席春节团拜会。

4 月和 9 月，应全国政协邀请出席全国政协委员读书活动 4 次。

6 月，应中央广播电视总台邀请出席《国家勋章和国家荣誉称号获得者系列人物宣传片》发布仪式。

8 月，应北京市文联邀请出席北京市文联成立 70 周年庆典活动。

9 月，应邀出席烈士纪念日向人民英雄纪念碑敬献花篮仪式和国庆招待会。

10 月，应中国海洋大学邀请出席刘醒龙、何向阳、刘金霞驻校作家聘任仪式；应邀出席第四届国际化学校行业年会开幕式。

11 月，应河北沧州南皮市委市政府邀请出席"王蒙文学作品插图名家新作展"；应《中国作家》杂志社邀请出席首届"五粮液"杯《中国作家》阳翰笙剧本颁奖典礼；应湖南省长沙市望城区委邀请出席第二届当代文人书法周开幕式；应广州大剧院邀请出席"我们的文艺生活——王蒙与你面对面暨舞台剧《活动变人形》启动仪式"；应邀出席中国互联网艺术大会开幕式。

12月，应国际儒学联合会邀请出席"中日和合文明论坛"；出席中华文学基金会"王蒙青年文学发展专项基金"捐赠和签约仪式；应哈萨克斯坦驻华大使馆邀请出席《阿拜》首发式；应邀出席"熊光楷藏书票展"。

四、外地出差情况

9月，应黑龙江省政协邀请前往哈尔滨出差3天。

10月，应中国海洋大学邀请前往青岛出差4天；应第四届国际化学校行业年会邀请前往苏州出差3天。

11月，应河北省沧州市南皮县委县政府邀

请出差 3 天；应湖南省长沙市望城区委邀请出席第二届当代文人书法周开幕式，出差 2 天；应广州文旅大讲堂、黄浦书院等邀请前往广州出差 6 天；应中国互联网艺术大会邀请前往上海出差 1 天。

策　　划：辛广伟

责任编辑：刘敬文

责任校对：白　玥

图书在版编目（CIP）数据

中华文化：特色与生命力／王蒙　著．—北京：人民出版社，2021.1

ISBN 978－7－01－022934－8

I.①中…　Ⅱ.①王…　Ⅲ.①中华文化－研究　Ⅳ.①K203

中国版本图书馆 CIP 数据核字（2020）第 258381 号

中华文化：特色与生命力

ZHONGHUAWENHUA TESE YU SHENGMINGLI

王蒙　著

人民出版社 出版发行

（100706　北京市东城区隆福寺街 99 号）

北京汇林印务有限公司印刷　新华书店经销

2021 年 1 月第 1 版　2021 年 1 月北京第 1 次印刷

开本：880 毫米 × 1230 毫米 1/32　印张：7

字数：83 千字

ISBN 978－7－01－022934－8　定价：35.00 元

邮购地址 100706　北京市东城区隆福寺街 99 号

人民东方图书销售中心　电话（010）65250042　65289539